從一國歷史
預視世界
的動向

極簡

北歐史

【監修】村井誠人
Murai Makoto
大溪太郎
Otani Taro

楓樹林

前言

磨合而成的「北歐特色」

本書涵蓋了北歐五國的歷史。綜合談論這些國家時，就像是在攀爬螺旋階梯般，即使剛開始先從各國的共通點切入話題，卻又必須立刻論及各國的差異，接下來又會再度談到共通點。在這周而復始的過程中，我們對北歐的理解將節節上升。

從歷史上來看，北歐與外界的往來，讓這片土地磨合了彼此間的差異並結為一體。然而，若是用「卡爾馬聯盟」這種強制力來約束，又會引發問題；反而像現代這樣，在兼容並蓄的潮流中成立「北歐理事會」，才能顯現出北歐的特色。

希望各位可以透過本書，體會到這其中的奧妙。

監修　村井誠人

歷史冷知識！

北歐的4大祕密

這些意想不到的史實，就要介紹給初次接觸北歐史的你！

Secret 1

北歐各國過去曾是一體？

透過新聞報導，相信各位都知道北歐各國在國際社會上格外緊密。其實14世紀末，北歐各國曾是由同一名國王統治的聯盟關係。

→詳情參照102頁

Secret 2

莎士比亞的名作背景是在丹麥!?

知名英國劇作家莎士比亞（William Shakespeare）寫過許多與王族有關的作品。其中以「四大悲劇」聞名的《哈姆雷特》，就是取材自丹麥的歷史，背景就在丹麥的城堡。

→詳情參照133頁

Secret 3

芬蘭人都會說瑞典語!?

芬蘭的官方語言包含芬蘭語及瑞典語，以瑞典語為母語的人占了芬蘭人口約5%。童話小說《嚕嚕米》的作者朵貝・楊笙（Tove Marika Jansson）是芬蘭人，但她平常都說瑞典語。

→詳情參照183頁

Secret 4

為何北歐各國的國旗裡都有「十字」？

提到「十字軍」，很多人會聯想到英國和法國國王率軍遠征、要從伊斯蘭勢力手中奪回聖地耶路撒冷的十字軍東征。其實北歐各國也組過十字軍，並因此開始在旗幟上使用十字。

→詳情參照244頁

接下來，我們就來探索北歐史吧！

目次

chapter 8 國際社會的先鋒

祕密專欄

※本書登場的主要地名和人名皆為「當地語言的音譯」。

序章

熟悉的北歐文化

大家對北歐有什麼印象呢？在近幾年報導北歐的新聞媒體中，應該都能看到「北歐風家具」、「三溫暖」等名詞。

北歐設計的家具和家飾產品既實用又風格溫馨，在日本已經自成一類。奠定這個基礎的就是於一九四三年在瑞典創立的企業——宜家家居（IKEA），現在是全球最大的家具量販店。瑞典的服飾連鎖店H＆M和汽車品牌富豪（Volvo）、芬蘭的行動通訊設備諾基亞（Nokia）、丹麥的積木玩具樂高（LEGO）等等，都是來自北歐的知名企業。宜家家居取名自創辦人的姓名和出身地名組合；諾基亞取自地名；樂高則取自丹麥語的「好好去玩（leg godt）」。

文化領域上，也有許多名揚國際的北歐人。音樂方面，從一九七〇～一九八〇年代走紅的ABBA開始，近年來還有瑞典的美雅（Meja）和艾維奇（Avicii）、冰島的碧玉（Björk）等歌手，不曉得各位是否聽過他們的歌曲呢？不僅如此，電視上播放的卡通《嚕嚕米》，其原作者朵貝・楊笙（Tove Marika Jansson）也是芬蘭人。儘管北歐距離我們有千里之遙，卻彷彿近在身邊。

此外，透過媒體報導，我們也能得知北歐的國家福利良好，每個人都享有人身自由。聯合國的「永續發展網站」會針對社會支援、健康壽命、社會平等各個項目，每年評比全球一五〇個國家和地區，發行「世界幸福報告」。根據二〇二二年的報告結果，第一名是芬蘭，第二名是丹麥，第三名是冰島，由北歐國家包辦了前三名（日本是第五十四名）。其中，芬蘭更是連續五年蟬聯第一。

所謂的「北歐」，究竟是指哪裡呢？這個地區以外的人都認為「北歐」就是「歐洲北部」的意思，不過在北歐各國的語言裡，只是用意指「北方」的「Norden」來稱呼這整個區域。對這裡的居民來說，這片區域只是湊巧位在歐洲北方。

那麼，北歐的位置究竟多北邊呢？挪威首都奧斯陸、瑞典首都斯德哥爾摩、芬蘭首都赫爾辛基都位於北緯六十度，從我們居住的歐亞大陸東邊來看，幾乎相當於俄羅斯的堪察加半島與歐亞大陸相連的位置。因為地理位置如此偏北，媒體常會以「永晝國度」來形容北歐地區。

提到永晝，大家應該都以為是半夜還看得到太陽，實際情景卻不太一樣。

俄羅斯西部大城聖彼得堡的緯度和北歐的主要城市相同，俄羅斯文豪杜斯妥也夫斯基（Достое́вский）於一八四八年發行的小說《白夜》就是以這裡為故事舞台。高緯度地區在日落後，天空依然十分明亮，獨特的光彩會一直持續到漆黑的深夜。《白夜》就是描寫在這種日光迷幻的情景下發生的戀情。日本的俳句裡，也會用「白夜」作為夏天的季語，形容夏季短夜的黎明、夜色漸白的時刻。

北歐各國疆域與周邊國家

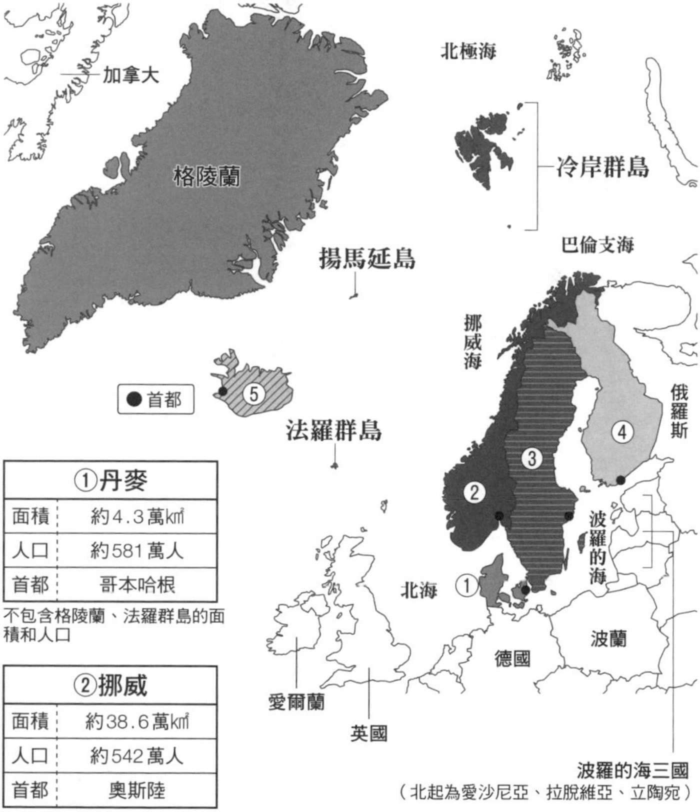

①丹麥	
面積	約4.3萬㎢
人口	約581萬人
首都	哥本哈根

不包含格陵蘭、法羅群島的面積和人口

②挪威	
面積	約38.6萬㎢
人口	約542萬人
首都	奧斯陸

③瑞典	
面積	約45萬㎢
人口	約1044萬人
首都	斯德哥爾摩

④芬蘭	
面積	約33.8萬㎢
人口	約551萬人
首都	赫爾辛基

⑤冰島	
面積	約10.3萬㎢
人口	約36萬4000人
首都	雷克雅維克

※各國資料引用自日本外務省網站（2022年）

實際上，太陽在深夜依然高掛天空的情景，只有在北極圈才看得到。劃分北極圈範圍的北緯六十六度三十三分緯度線，橫貫了挪威、瑞典、芬蘭的國土，這裡才能見到真正的「午夜太陽」。

北歐作為北方國度還有一項特徵，那就是獨特的冰河地形。一萬二千多年前的冰河時代，北歐大地遍布著厚重積雪形成的巨大冰原，稱作「冰蓋」。當你蒞臨瑞典首都斯德哥爾摩時，可以想像那裡在遠古時代覆蓋著高過你頭頂、厚度超過一千公尺的冰蓋。這片冰蓋從西北方的邊緣緩緩滑動、形成冰河，逐漸侵蝕並穿越山脈，雕琢出巨大的U形峽谷。當海面隨著冰河時代結束、地球暖化而上升後，峽谷就成了悠長的海灣，這種景觀稱作「峽灣」。全世界數一數二長的挪威松恩峽灣，全長約二百公里，相當於東京到靜岡縣濱松市的直線距離。其深入內陸的複雜海岸線狀似谷灣式海岸，但兩者的規模和成因截然不同。

日德蘭半島及其周邊地圖

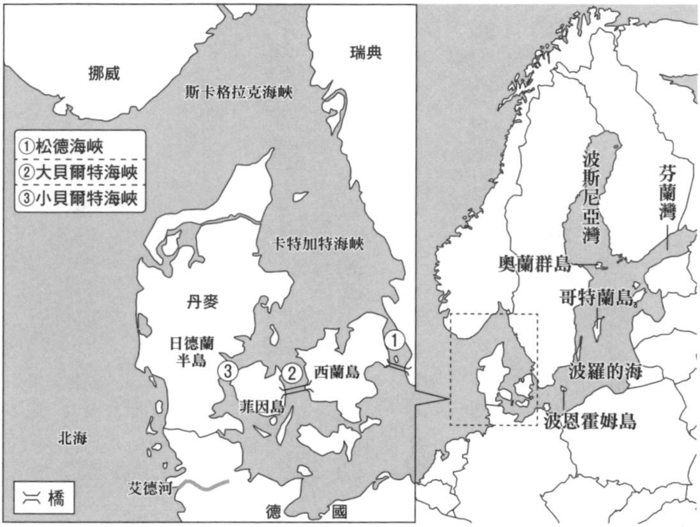

冰蓋邊緣形成的斯堪地那維亞山脈，最高峰海拔約二五〇〇公尺。宛如背脊般立於南北縱長約一八五〇公里的斯堪地那維亞半島上。日本的本州長度約一五〇〇公里，由此便可知北歐有多麼遼闊。

北歐與其他同緯度地區相比，平均氣溫較高。丹麥及斯堪地那維亞半島西岸皆屬海洋性氣候，因此海水不會凍結。從內陸愈往東進，大陸性氣候就愈明顯，冬季均溫會逐漸下降。位在北歐東方的俄羅斯首都莫斯科，冬季均溫是攝氏零下十度；相較之下，丹麥首都哥本哈根卻是攝氏一度，相當溫暖。西岸的海洋性氣候地區，植被是山毛櫸和水楢等闊葉樹，隨著海拔升高或往東進，闊葉林裡會逐漸出現白樺等樺樹，並慢慢變成北方針葉林。直到北歐最東邊的芬蘭，就形成了大家想像中遍布針葉林和湖泊的北歐風景。

本書談論的「北歐」範圍，包含北大西洋上的島國冰島、透過日德蘭半島與德國接壤的丹麥、東邊有一三〇〇公里國界與俄羅斯相鄰的芬蘭、分據斯堪地那維亞半島東西兩邊的瑞典和挪威，共五個國家。除此之外，有自治權的丹麥領土格陵蘭和法羅群島、芬蘭領土的奧蘭群島，在本書中也都劃分為北歐。

丹麥、瑞典、挪威又合稱為「斯堪地那維亞三國」。丹麥之所以包含在內，是因為斯堪地那維亞半島南端、現為瑞典領土的斯堪尼（Skåne）地區，在一六五八年前屬於丹麥。有一說法認為，斯堪尼的拉丁語拼法「Scania」，就是源自「斯堪地那維亞（Skandinavien）」。

政治方面，丹麥王國、瑞典王國、挪威王國採行君主立憲制，芬蘭共和國、冰島共和國採行共和制。

語言方面，除了芬蘭語以外，各國的官方語言都屬於印歐語系的北日耳曼語群（又稱諾斯語）。芬蘭官方語言之一的芬蘭語，屬於烏拉語系芬蘭－烏戈爾語族。不過在歷史發展過程中，芬蘭有很長一段時間屬於瑞典，所以在西岸、南岸地區也有使用瑞典語的居民，形成說芬蘭語和說瑞典語的人共存的獨特文化景觀。例如：《嚕嚕米》作者朵貝・楊笙就是說瑞典語的芬蘭人，作品也以瑞典語撰寫。冰島雖然與其他四國距離甚遠，但冰島語保留了九世紀從挪威移居而來的維京人使用的古代北日耳曼語形式。

國土方面，瑞典的面積約為四十五萬平方公里，是日本的一・二倍大。挪威的面積比日本大一點，芬蘭則是小一點。其中國土最小的丹麥，面積為四・三萬平方公里，和日本九州差不多，比冰島的一半還小。世界最大島嶼格陵蘭（正式名稱為Kalaallit Nunaat，面積約二一八萬平方公里）雖為丹麥的自治領地，但並不屬於丹麥王國的領土。

本書並未將愛沙尼亞、拉脫維亞、立陶宛這「波羅的海三國」劃入北歐的範圍內，不過在研究過著討海生活的北歐人歷史時，還是需要用廣闊的視野綜觀「波羅的海」與「北海」這兩座海洋四周的地區。

接下來，我們就來追溯這群「北方」居民究竟是如何與外界交流，並從中刻劃豐富歷史吧！

chapter 1

維京時代

史前時代的斯堪地那維亞

約一萬二千年前，斯堪地那維亞半島開始有人類居住。這時地球的寒化期結束，隨著氣溫上升，植物的分布區域逐漸往北拓展，以食用植物維生的馴鹿等草食動物棲息地也向北延伸，原本住在現今德國北部的人便移居到斯堪地那維亞的南部。

其實，當時的斯堪地那維亞地區經由日德蘭半島與歐洲大陸相連，直到約八千五百年前氣溫與海面上升，斯堪地那維亞才與日德蘭半島分離，形成現在的半島以及波羅的海的前身——濱螺海。

約西元前四〇〇〇年，北歐南部開始使用石器；西元前三〇〇〇年開始使用土器；到了西元前二〇〇〇年，農耕逐漸普及，人們開始栽種蕎麥、燕麥、大麥等作物，並飼養豬和羊。

大約從西元前四〇〇〇年到前一八〇〇年，人們都在使用石器並務農。在當地長老的領導下，多個村落的居民集結而形成社會。

此外，居民除了從事農業，也會乘船在湖泊、河川、近海、挪威海與波羅的海等水上航行，人們的生活已經與水邊密不可分。

大約從西元前一八〇〇年開始，氣候變得更加溫暖。日德蘭半島、菲因島、西蘭島的居民開始砍伐森林、拓寬農地。糧食增產促進了人口成長，於是各種大大小小的部落林立，財富和權力都集中在主掌祭祀的酋長身上。酋長會將部分財富贈送給其他村落以示好，或是透過貿易來取得遠方打造的青銅器和黃金工藝品。貿易路線不僅限於波羅的海和挪威海之間的海上貿易，也有南至地中海沿岸、北至挪威北部的陸上貿易。丹麥還曾經出土過當時的匈牙利鑄造的青銅劍。

西元前一八〇〇年到前五〇〇年的時期，稱作青銅器時代。挪威最北端的特羅姆斯－芬馬克郡的「阿爾塔岩畫」，就是描繪了西元前四二〇〇年到前五〇〇〇年左右，人們獵捕馴鹿和搭船的情景。這個遺址呈現出當時的人類生活型態，已登錄為聯合國世界文化遺產。

約西元前五〇〇年，住在中歐的凱爾特人的製鐵技術傳到了現在的丹麥一帶，北歐從此進入鐵器時代。

接觸羅馬人

西元前五〇九年，原本採取君主制的羅馬轉向共和制，勢力逐漸拓展，直到改行帝制的西元前二十七年，勢力已擴及地中海一帶。而各地的凱爾特人則是與羅馬的國力成反比，勢力日漸式微。

羅馬帝國在擴張勢力的過程中，也接觸了斯堪地那維亞南部的居民。這群居民是在西元前一〇〇〇年左右，進駐斯堪地那維亞半島南部的印歐語族日耳曼人。到了一世紀，斯堪地那維亞半島的日耳曼人和羅馬人之間開始建立起熱絡的貿易關係。

羅馬歷史學家塔西佗（Tacitus）在《日耳曼尼亞志》（De origine et situ Germanorum）中寫到，日耳曼人各種族分別建立了許多小國，這些小國又分成許多由酋長率領的部落，政治、軍事、審判等重要大事，會由部落全體成員在「庭（古北歐語為thing，指議會）」裡決定。《日耳曼尼亞志》裡也提到原住民薩米人。薩米人以狩獵和遊牧馴鹿為生，主要居住於現今的芬蘭、挪威、瑞典、俄羅斯北極圈內。迪士尼動畫《冰雪奇緣》裡登場的虛構民族北烏卓人，就是參考了薩米人。

四世紀後半到六世紀，發生了「日耳曼民族大遷徙」事件。原本住在日德蘭半島的日耳曼裔盎格魯人、朱特人，以及北海沿岸的撒克遜人，紛紛移居到羅馬人棄守的不列顛群島；使用北日耳曼語族語言的人則取而代之，開始定居北歐。

踏上不列顛群島的盎格魯人與撒克遜人，便以盎格魯－撒克遜人的身分逐漸建立起日後的英格蘭（通稱英國的「大不列顛」成員國之一）。英格蘭（England）這個名稱，意思就是「盎格魯人之地」。

非專業海盜

八世紀末到十一世紀，斯堪地那維亞人搭船航向歐洲各地，成為眾人畏懼的「海盜」，歷史上稱之為「維京人」。他們的活動範圍很大，西至北大西洋各島嶼，南至伊比利半島，東至黑海和裏海沿岸。

一九七〇年代播放的卡通《北海小英雄》，以及近年發行的漫畫《海盜戰記》，讓維京人在日本也成為家喻戶曉的存在。日本會用「維京」稱呼自助式料理，名稱就引自在餐桌上擺滿各式菜餚、讓人各取所需的斯堪地那維亞式自助餐。不過維京料理是日本才有的名稱，與歷史上的維京人沒有直接關聯。

很多人對維京人的印象是「殘暴的海盜」，但這是受遇襲者留下的紀錄所影響。當時可以用文字記錄的，主要都是教會或修道院的人。教會和修道院裡有很多金錢和裝飾品，防備也較為鬆懈，是維京人首要的攻擊目標，因此他們才會誇飾維京人的駭人之處，並流傳於後世。

實際上，維京人是怎樣的族群呢？

他們只是一般的農民、探險家、捕鯨人、傭兵、商人等，之所以前往其他地區，和斯堪地那維亞嚴峻的自然環境有關。寒冷的氣候導致土壤貧瘠，可耕作的農地有限。隨著人口增加，他們必須進行貿易或掠奪其他地區，才能獲取生活所需物資。

維京人（víkingr）一名的來源有兩種說法，一種是將北歐語意指海灣的「vík」加上「ing」來表達「海灣人民」之意；另一種則是意指「居無定所者」，充分表現出維京人在海象平穩的夏季離開故鄉討海的生活型態。也有法語研究者認為，維京的詞源是拉丁語中意指村落的「vicus」，強調維京人是進行貿易的「村民」。此外，不列顛群島居民將維京人稱作「丹人」，法蘭克王國（相當於現今法國）的史料中則是用意指「北人」的「Normanni（諾曼人）」來稱呼維京人。順便一提，法國諾曼第這個地名的意思就是「北人（移居）的土地」。

維京人遠征的成員主要是有權勢的農民世家或酋長，但並非強制參加，每個人可以自由決定。因此，遠征的領導者會在身上穿戴搶來的寶物飾品，以彰顯參加遠征的好處，藉此招募追求財富或名聲的年輕人加入航海。

維京人並不是只有男性，也有女性。根據寫於十世紀的愛爾蘭文獻，曾有個名叫Inghen Ruaidh的紅髮女孩就是維京艦隊的領袖。

適合遠征的船艦

維京人得以出海遠征的其中一個因素，在於船艦的性能。西元一九〇四年，挪威東南部的奧斯伯格農場挖掘出一艘船墓穴。船墓穴意即將死者放在船上埋葬的墳墓。這艘船全長二十二公尺，最大寬度為五公尺，推估可乘載約三十人。船體中央有個插帆桅杆的凹洞，推測可能曾經揚帆出海。船上沒有甲板，船艙十分狹窄，船員應是坐在存放烹調器具、糧食、帳篷等物品的箱子上划船。

這艘奧斯伯格號被用來當作墓室，因此體積較小。這種類型的船稱作「長船」，標準乘員為划槳手四十人、確定方向的舵手一人。船底有連接船頭到船尾的龍骨，具有承受側浪的高穩定性。長船在遠洋航海中會揚起桅杆上的船帆，利用風力來前進。當船靠岸或航入河川時，就會收起船帆、放下桅杆，用船槳就能操控航向。

這種長船很適合作戰，由木板堆疊砌成的船體兩側具有裝甲功能；且船體前後形狀相似，後退跟前進一樣容易，還能小幅度迴轉；船底吃水較淺，方便登陸，還能用人力抬起、拖曳並直接搬上陸地。

維京人還有一種大型帆船「克納爾船」。克納爾船無法用槳航行，但是船艙遠比長船更寬、更深，穩定性高，可以載運大量貨物，因此多用於遠地貿易和遷徙。

最早的維京人主要是組成小型艦隊出海掠奪，不過隨著時代進步，他們開始憑著傑出的造船和操船技術遠征歐洲各地，逐漸成為海上霸主。

挪威維京人

歷史上首見的維京人出海襲擊，是在西元七九三年。當時他們襲擊了英格蘭北部的修道院，由英格蘭記錄了這起事件。不過根據西元二〇〇八年在愛沙尼亞薩雷馬島出土的維京人遺骨和劍等遺物，可以得知維京人是在更早之前、從西元七五〇年左右就開始活動了。

雖然這群人統稱為維京人，但是在後來逐漸形成「國家」的挪威、丹麥、瑞典，各地的維京人仍有各自的特徵。挪威維京人主要進行掠奪和殖民；丹麥維京人則是由首領帶著軍隊進攻西歐各個城市。雙方時而合作，時

當時的日本

在史料上首度記載維京人出海襲擊的隔年，794年，日本的桓武天皇建都長岡京（784～794年）後，又遷都至平安京。此後開始了長達390年的平安時代，直到遷都東京的1869年以前，平安京一直都是日本的首都。

而對立。接下來，就先從挪威維京人開始介紹。

挪威維京人的主要掠奪目標是英格蘭北部、蘇格蘭、愛爾蘭等地。不僅如此，他們還溯河而上、掠奪西法蘭克王國（法蘭西王國前身）的城市，甚至與丹麥維京人聯手遠征到現今的西班牙。而後他們朝汪洋大海的西北方前進，勢力拓展到北大西洋各個島嶼。

挪威（Norge）的地理特徵，從國名的起源「Norðvegr（通往北方的航路）」便可得知。挪威國土南北狹長，然而陸上交通遭荒涼的山岳和峽灣阻斷，只能藉由沿著西岸通往極北的海上航道連絡交通。

九世紀下半葉，挪威成立了第一個王朝。瑞典名門英格林家族的末裔哈拉爾（Harald Hårfagre）與其他豪族交戰，成功統一挪威，然而其實際的統治範圍只有沿海地區，其他地方仍是由各地豪族治理。哈拉爾一世發誓在登上挪威王位以前絕

挪威的統治者（9～11世紀）

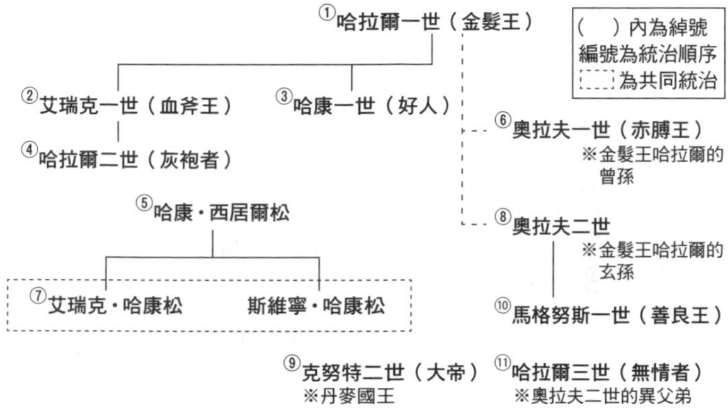

不斷髮，於是蓄了一頭美麗長髮，而有「金髮王」之稱。古代的國王都會像這樣冠上各種綽號。

在金髮王哈拉爾去世後，兒子們爭權鬥勢，最後由英格蘭國王撫養長大的哈康（Håkon den gode）登上王位。哈康一世穩定統治王國，因此又有「好人哈康」之稱。

另一方面，家族裡也不乏有人企圖與丹麥維京人聯手奪取王位，其中一位就是好人哈康的姪子哈拉爾二世（Harald Gråfell），綽號「灰袍者」。他在叔叔好人哈康去世後，得到親戚丹麥國王藍牙王哈拉爾（Harald Blåtand Gormsen，後述）的支援，即位成為國王。灰袍者哈拉爾雖然欲擺脫丹麥國王獨立統治，卻在西元九七四年遭到大臣背叛，最後遇害身亡。

之後，大臣哈康・西居爾松（Håkon Sigurdsson）成為「伯爵」，在丹麥的藍牙王哈拉爾麾下治理挪威。伯爵是地方有力豪族的稱號，其中也包含像他一樣因為國王委任治理而掌權的人。

過了二十年後，西元九九四年，金髮王哈拉爾的曾孫奧拉夫・特里格維松（Olav Tryggvason）讓哈康伯爵失勢，即位成為挪威國王奧拉夫一世。而哈康伯爵的兒子艾瑞克（Eirik Håkonsson），則是與岳父丹麥國王斯文一世（Svend Tveskæg，綽號八字鬍），以及瑞典國王奧洛夫・舍特康努格（Olof Skötkonung，後述）結盟。約西元一〇〇〇年，奧拉夫一世在海戰中敗給這支三方聯軍，不幸陣亡。由瑞典

維京人的動向

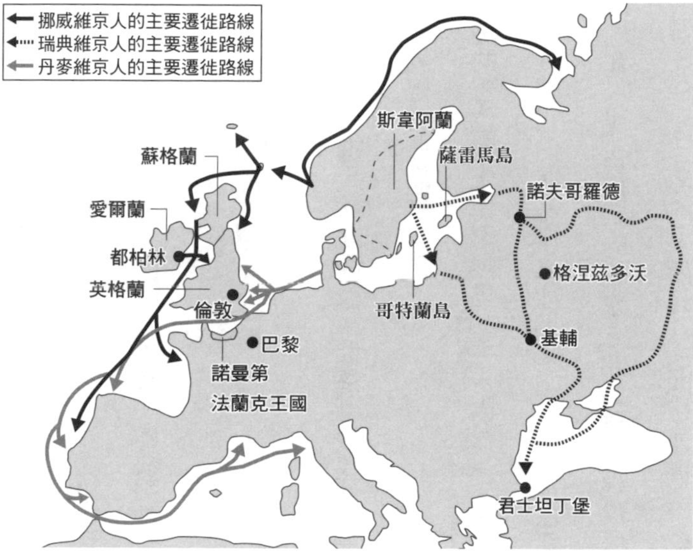

的八字鬍王斯文奪下挪威王位，艾瑞克及胞弟斯維寧（Svein Håkonsson）在其麾下以伯爵的身分治理挪威。

西元一〇一四年，瑞典的八字鬍王猝逝；翌年，金髮王哈拉爾的後代奧拉夫・哈拉爾松（Olav Haraldsson）從英格蘭歸國自立為王，擊退瑞典、登上挪威國王的寶座，稱奧拉夫二世。

然而到了西元一〇二六年，丹

麥暨英格蘭國王克努特二世（Knud II，瑞典八字鬍王斯文的次子，英格蘭為一世、丹麥為二世）侵略挪威，擊敗了奧拉夫二世，自此開始兼任挪威國王。西元一〇三〇年，奧拉夫二世率軍回歸，依然不敵克努特二世和挪威豪族聯軍，最終戰死。

維京時代的冰島

挪威維京人進入西北部後，便逐漸殖民北大西洋上的法羅群島、奧克尼群島、昔得蘭群島等各個島嶼。

冰島的首位歷史學家阿里・索吉爾松（Ari fróði Þorgilsson，一〇六七或一〇六八～一一四八）在著作《冰島人記》（Íslendingabók）中寫到，約西元八七〇年到九三〇年，來自挪威的維京人開始移居冰島。根據在這本書之後寫成的《殖民之書》（Landnámabók），西元八七四年西挪威人隨著愛爾蘭和蘇格蘭奴隸一同殖民定居冰島。根據這份史料，冰島於西元一八七四年慶祝「成立一千週年」。相傳他們之所以離開挪威，是為了擺脫金髮王哈拉爾的暴政。

冰島有火山，大地遍布著冰河和熔岩。適合畜牧的土地僅占全體的百分之一，但人民依然經營著飼養羊、牛、馬、豬的畜牧業。務農的主要目的是生產乾草，作為冬季的家畜飼料。而冰島沿岸是鱈魚的漁場，因此後來人民也開始將曬乾的鱈魚等海產加工、作為商品。

冰島起初建立的是沒有王公貴族等階級的社會，直到西元九三〇年，才成立有「世界最早民主議會」之稱的「全體議會」，負責立法和審判。有一定財產的農場男主人才能參加這個議會，身分相當於議長的「說法人」則是從有力農民的首領當中選任。

丹麥維京人

丹麥維京人主要的攻擊目標，是英格蘭東南部和法蘭西北部。

七～八世紀的丹麥歷史不詳，不過從記載法蘭克國王查理曼（Charlemagne）的史料中，可以得知在九世紀初統治丹麥的是丹人古德弗雷德（Godfred）。

古德弗雷德在位時，西歐最強大的國家是法蘭克王國，國王查理曼接受教宗加冕為（西）羅馬皇帝，史稱查理大帝。當時並沒有名為「德意志」的單一國家，直到十世紀下半葉，德意志人的各個國家統一政體，國王被加冕為羅馬皇帝、繼承古羅馬帝國的地位後，才正式稱作「神聖羅馬帝國」。

查理曼統治薩克森（現今德國北部）一帶，隔著艾德河（參照17頁地圖）與古德弗雷德的領地相鄰，因此雙方形成對立。於是，古德弗雷德從領土最南端的貿易城市海澤比（靠近現今德國的什勒斯維希邦），面朝西方建立一座高度三～六公尺的堡壘「丹尼弗克」。西元二〇一八年，這座堡壘的遺址以「海澤比與丹尼弗克考古邊境遺蹟群」之名，登錄為聯合國世界文化遺產。

丹麥王室（10～11世紀）

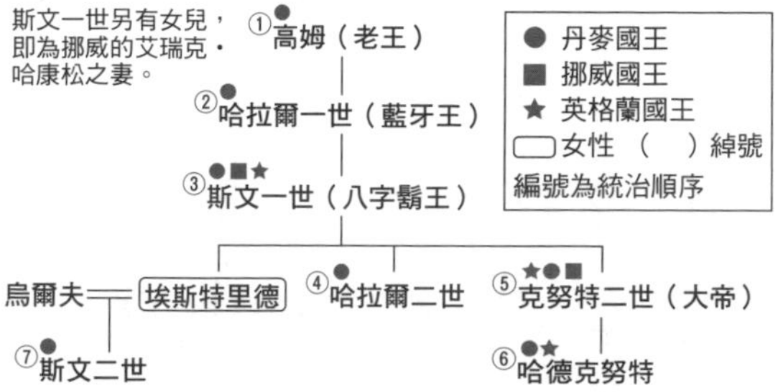

丹尼弗克一名的意譯是「丹人的建築（或堡壘）」。據說丹人對艾德河以南的居民（薩克森人和斯拉夫人），宣稱艾德河以北到這座堡壘之間的無人地帶是丹人的「領地」（丹麥語為mark，意指「邊境」），這就是丹麥國名「Danmark」的由來。

九世紀上半葉，丹麥維京人和挪威維京人聯手正式入侵不列顛島南部，占領後開始定居。

九世紀下半葉，他們企圖攻占整座不列顛島，島上有盎格魯－撒克遜人建立的威塞克斯王國。國王阿佛烈大帝（Alfred the Great）雖事先知情，卻沒有將維京人逐出不列顛島，而是與丹人締結和平協議、承認他們在丹麥區（英格蘭東北部）的統治權。丹麥區的英語「Danelaw」，意思就是「丹人合法統治的土地」。

另一方面，西元九一一年，西法蘭克國王以防禦其他維京人來襲為條件，將本國土地分封給諾曼人羅洛（Rou），是為諾曼第公國，並封他為諾曼第公爵。

十世紀上半葉，老王高姆（Gorm den Gamle）以日德蘭半島中部的耶靈為據點，開始統治丹麥西部一帶，這就是丹麥王國「尼特靈格王朝」的開端。目前無從得知老王高姆的出身，相傳他可能來自挪威或是諾曼第。

耶靈墓地（現為聯合國世界文化遺產）的石碑以盧恩字母銘刻老王高姆和其子藍牙王哈拉爾的生平事蹟，如記載了藍牙王統一丹麥全土並統治挪威南部一事，是留存丹麥王國起源的重要史料。

附帶一提，藍牙王的稱號其實和我們現在使用的某項技術有關。現今作為短距離無線通訊技術標準的「藍牙」，就是取自藍牙王哈拉爾統一丹麥的事蹟。由於這項技術整合了過往的各種無線技術，研發者便引用此一綽號命名。此外，丹麥語的藍色和深藍色說法相近，這個綽號的由來或許是哈拉爾一世的蛀牙藍到發黑之故。

接著繼承丹麥王位的，是藍牙王哈拉爾的兒子斯文。但父子彼此對立，最後贏得勝利的斯文在西元九八六年登上王位。

八字鬍王斯文一世在位期間，多次率領艦隊進攻英格

當時的日本

平安時代中期，日本也發生了近親之間的權力鬥爭，那就是藤原家家主（氏族長老）地位之爭，後來脫穎而出的是藤原道長。他將4名女兒陸續嫁給天皇，並在1016年擔任攝政王，成為朝廷地位最高的掌權者。

蘭，每一次都獲得丹麥金作為撤軍費。最後，忍無可忍的英格蘭國王埃塞爾雷德二世（Æthelred II）下令屠殺國內的丹人，死者包含八字鬍王斯文的姊姊在內。斯文因此暴怒，再度率軍進攻英格蘭。埃塞爾雷德二世無力抵抗，於西元一〇一三年流亡到諾曼第公國，但翌年八字鬍王斯文便猝逝。

瑞典維京人

瑞典維京人主要往東遷徙，進入現今的芬蘭、俄羅斯、烏克蘭。原本住在芬蘭的居民，將東進的瑞典維京人稱作「Ruotsi」，意思是「划船的人」，現在的芬蘭語依然將瑞典稱作「Ruotsi」。俄羅斯最早的歷史書《往年紀事》（Повесть временных лет）裡寫到，俄羅斯西北部的居民從斯堪地那維亞找來了「羅斯人」留里克（Рюрикъ）兄弟作為統治者。留里克一族建立起「基輔羅斯（基輔大公國）」，而羅斯（Ruotsi）就是「俄羅斯」一名的起源。

位於莫斯科西南方約三七〇公里處的格涅茲多沃，至今仍是一片茂密的森林，不過在一千二百多年前，這裡曾有瑞典維京人建立的作戰要塞，當地挖掘出堡壘、工地、墳墓、劍、珠寶飾品等遺址遺物。

瑞典維京人與東方勢力的貿易也十分興盛。他們會在東羅馬（拜占庭）帝國的首都君士坦丁堡（現今的伊斯坦堡）兜售毛皮、蜂蜜和奴隸等等，以取得玻璃製品或中國的絲綢。

根據十世紀接觸過維京人的巴格達阿拉伯人外交官留下的記載，「每個商人都帶著戰斧、長劍、短刀」，由此可知其貿易範圍甚至遠至現今的伊拉克首都巴格達。

而瑞典維京人遠征中東地區的目的之一，或許就是取得伊斯蘭世界流通的銀幣。

在哥特蘭島及其他北歐維京時代的遺址中，都出土了十世紀在中亞興盛的薩曼王朝等伊斯蘭國家鑄造的大量銀幣。不過，目前只能以此證明維京人的活動範圍之廣，無法得知當時的北歐是否廣泛使用這些銀幣作為通貨。

瑞典統一

九世紀時，在現今瑞典的中部地區分成兩部分，一為日耳曼裔斯韋阿人居住的斯韋阿蘭，一為約塔人居住的約塔蘭。這裡以南的地區是丹麥、以西是挪威，無人前進北方。瑞典的國名「Sverige」取自「Svearike」，意指「瑞典人的王國」，是斯堪地那維亞三國中唯一使用「王國」為名的國家。

十世紀後半，勝利者艾瑞克（Erik Segersäll）首度統一斯韋阿蘭，創立「英格林王朝」。其子奧洛夫・舍特康努格繼位後，將統治疆域拓展到南部的約塔蘭，成為首度統治整個瑞典的國王。

西元一〇〇〇年，奧洛夫與丹麥的八字鬍王斯文聯手戰勝挪威國王奧拉夫一世。奧洛夫之子阿農德・雅各布（Anund Jakob）繼位後，又和企圖擴張勢力的挪威國王奧拉夫二世聯手，於西元一〇二六年對抗丹麥國王克努特二世，卻以失敗收場（請參照35～36頁）。膝下無子的阿農德・雅各布去世後，兄長厄蒙德（Emund den gamle）繼承瑞典王位，但在西元一〇六〇年逝世，英格林王朝就此告終。新國王是瑞典南部的豪族斯滕克爾（Stenkil），但其出身不詳。

維京時代的芬蘭

芬蘭的起源與前面介紹的三個維京人勢力大不相同。芬蘭的原住民並非印歐語族日耳曼人，而是芬蘭－烏戈爾語族，原本住在窩瓦河（流經現今俄羅斯西部）流域，西進後定居於波羅的海沿岸，與斯拉夫人和日耳曼人交融。

芬蘭（Finland）一名，意指在東邊划船的瑞典人偶遇的「芬（Fin）人」所居住的「土地（land）」。然而，瑞典人是在十三世紀以後，才開始將芬人的土地寫作「Finland」。芬人本身將自己生活的地方稱作「Suomi」，現今芬蘭語中仍以「Suomi」來稱呼芬蘭，據說這個名稱取自「湖泊」一詞。

挪威、丹麥、瑞典都出現了國王，但芬蘭並沒有國王。芬人大致分三個地區生活，以西南部的貿易城市土庫為中心的「芬蘭」、東邊的內陸城市「海門林納」，以及更東邊的「卡累利阿」。雖然這些地區之間互有往來，但在政治上並未整合統一。

維京人的文化

維京時代的北歐人信仰以主神奧丁（Odin，冰島語為Óðinn）為中心的「亞薩神族」，也就是北歐神話的眾神。

引申成星期名稱的北歐神話眾神

英語名稱	北歐語言	星期名稱
Tyr （戰神提爾）	Týr（冰） Tyr（丹）	Tuesday（英） Tirsdag（丹）
Woden （主神奧丁）	Óðinn（冰） Odin（丹）	Wednesday（英） Onsdag（丹）
Thor （雷神索爾）	Þórr（冰） Tor（丹）	Thursday（英） Torsdag（丹）
Freya （美麗女神弗麗嘉）	Freyja（冰） Freja（丹）	Friday（英） Fredag（丹）

※（冰）為冰島語，（丹）為丹麥語，（英）為英語

亞薩神族中最受維京人崇敬的，是奧丁的兒子雷神索爾（Tor，冰島語為Þórr）。維京人會將索爾手中的雷神之鎚「妙爾尼爾」做成小型複製品，當作護身物隨身攜帶。現今北歐也有很多男子名引用自索爾，像是Torfinn、Torvald等等。亞薩神族的名字，也是英語的星期二到星期五的詞源。

維京人使用過的文字為「盧恩字母」，盧恩的意思是「神祕」。盧恩字母主要用於儀式，也會刻在武器或護身物上作為咒語。在英國作家托爾金（Tolkien）的《魔戒》、J・K・羅琳（J. K.

Rowling）的《哈利波特》系列中，都將盧恩字母當作帶有魔力的文字寫進小說裡。

根據某一說法，盧恩字母是日耳曼人最早使用的表音文字，也是羅馬字母和希臘字母的起源。盧恩字母原本有二十四個字母，但經過日耳曼民族大遷徙後，以北歐為主的地區將之刪減成十六個字母。

盧恩字母除了可當作咒語以外，也用於撰寫私人書簡，權力人士則用來將自身或氏族的事蹟刻在石碑上。40頁介紹的耶靈墓地裡的石碑，刻的就是盧恩字母。瑞典境內也發現了四千個以上刻有盧恩字母的文物。

除此之外，維京人還有許多流傳至今的遺物和遺址。維京時代最大的貿易城市之一是位於瑞典中東部的比爾卡，附近的霍高爾登遺址曾出土王宮的遺跡和王族墓穴，因此推測就是居住於此地的王族統治了比爾卡。兩者合稱為「比爾卡和霍高爾登」，列入聯合國世界文化遺產。

在北海兩岸建立的王國

這一節要講述的是英格蘭國王埃塞爾雷德二世流亡到諾曼第以後的發展。

西元一〇一三年，英格蘭王位出現空缺後，有力諸侯推舉八字鬍王斯文即位。然而八字鬍王於翌年猝逝，埃塞爾雷德二世重奪王位。原本預計繼位的八字鬍王次子克努特二世便率軍進攻，西元一〇一六年始與埃塞爾雷德二世之子愛德蒙二世（Edmund II）共治英格蘭。

但愛德蒙二世不久便逝世，克努特二世得以統治全英格蘭，開創丹人王朝。其後，丹麥國王哈拉爾二世也在祖國去世，身為弟弟

的克努特二世因此繼承了丹麥王位。

西元一〇二六年，克努特二世擊敗挪威國王奧拉夫二世和瑞典國王阿農德・雅各布的聯軍，於西元一〇二八年成為挪威國王。這是企圖擴張勢力的克努特二世，和反抗奧拉夫二世打壓的挪威豪族利害一致的結果。於是，克努特二世成為丹麥、挪威、英格蘭，加上瑞典部分地區的廣大疆域統治者，被稱之為「克努特大帝」，後世稱這片廣大的疆域為「北海帝國」。但這僅僅只是多個王國偶然有一名共主，實際上並不存在一個統一的國家。

克努特大帝的統治疆域

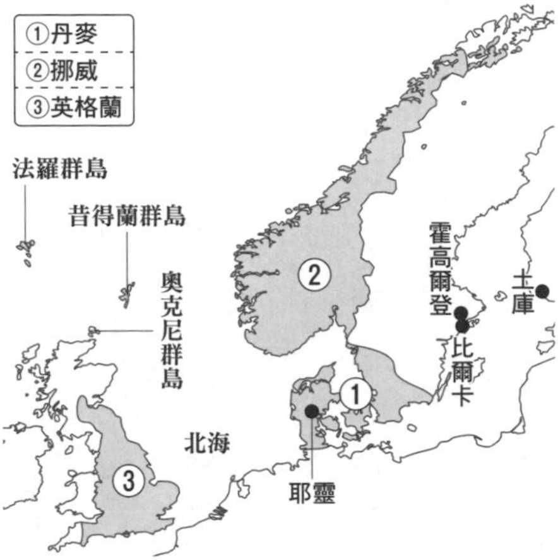

由一名國王統治各國的時代並沒有持續太久。西元一〇三五年克努特二世去世

後，因其個人勢力和魅力才串連起來的國家隨即分崩離析，而這個發展也與繼承王位的兩個原則有密切關係。

當時繼承王位的第一個原則是「男系血統」，第二是「人民同意」，意即只有在王國各地的議會中由人民選出的國王才能繼承王位。換言之，不論是血緣與前任國王再怎麼親近的男子，都需要獲得各地人民的認同，否則就無法成為國王。

克努特二世之子哈德克努特（Hardeknud）繼任為丹麥國王後（參照39頁圖），挪威的有力人士反對丹麥人的統治，在奧拉夫二世之子馬格努斯一世（Magnus Olavsson）登上王位後，兩國便形成對立。

在此期間，哈德克努特的異母兄長哈羅德一世（Harold I）擅自繼承了英格蘭王位。膝下無子的哈德克努特因此和馬格努斯一世達成協議，約定「長壽者可繼承先死者的王位」。然而，西元一〇四〇年，哈羅德一世便在遠征英格蘭的途中逝世。抵達英格蘭的哈德克努特即位成為英格蘭國王，與異父兄長宣信者愛德華（Edward the Confessor，父親為曾流亡至諾曼第的埃塞爾雷德二世）共同統治。

西元一〇四二年，哈德克努特去世後，挪威的馬格努斯一世根據協議兼任丹麥國王。但哈德克努特的表親斯文・埃斯特里德森（Svend Estridsen）為了取得王位，在丹麥發起暴動。其母親是克努特大帝的姊姊，所以他選擇了母親的埃斯特里德森作為姓氏。從母姓在當時非常罕見，但如此才能表現出他與王族系譜的關聯。

維京時代的終結

西元一〇四七年馬格努斯一世去世後，奧拉夫二世的異父弟、無情者哈拉爾三世（Harald Hardrada）繼任挪威國王，統一國家。無情者哈拉爾是典型的維京人，即位前曾在東羅馬帝國當傭兵，獲得財富和名聲。

同一時期，斯文・埃斯特里德森（斯文二世）成為丹麥國王。無情者哈拉爾野心勃勃，主張自己有丹麥王位繼承權，因而洗劫丹麥沿岸。接著他又主張自己有權繼承英格蘭王位，於西元一〇六六年揮軍進攻英格蘭，但敗給在宣信者愛德華之後繼位的哈羅德二世（Harold Godwinson）並且戰死。這件事象徵了維京時代的結束，從此以後，維京人再也不曾襲擊英格蘭。

最後補充個題外話，談談英格蘭在這場戰爭後的發展。

英格蘭擊退挪威軍後，法蘭西國王麾下的諾曼第公爵紀堯姆二世（Guillaume II）又緊接著跨海來襲。哈羅德二世短短三週便戰死，紀堯姆二世成為英格蘭國王威廉一世（William I），開創諾曼第王朝，史稱諾曼征服（Norman conquest）。這位諾曼第公爵是40頁介紹的羅洛的後代，繼承了維京人血統。但是，從諾曼第來襲的紀堯姆帶給英格蘭的並不是維京文化，而是法國文化。

耐人尋味的北歐偉人❶

移民新天地的維京人

紅鬍子艾瑞克

Erik the Red（Eiríkur Rauði Þorvaldsson）

（約950～1003）

招募前往格陵蘭的移民者

紅鬍子艾瑞克可能是來自挪威或冰島的維京人，相傳他的頭髮和鬍鬚都是紅色的，因而得名。西元982年，艾瑞克因謀殺罪而被判流放，於是他離開冰島，前往一座無人島。他沿著這座島南端突出的海岬往西繞行，眼中所見盡是翠綠草原，於是他便將島嶼命名為「格陵蘭（Grønland，意即綠色土地）」。

之後，艾瑞克在冰島招募移民者，於西元986年帶領25艘船艦再度航向格陵蘭。雖然途中遭遇風暴、成功抵達的僅有14艘船，但這群移民在島上建立起殖民地，後來靠著毛皮和海象牙貿易來維持生計。

艾瑞克的兒子萊夫・艾瑞克森（Leifr Eiríksson），曾經發現位在格陵蘭遙遠南方的「文蘭」，這裡可能就是現今加拿大的紐芬蘭島。

chapter 2

從內戰到王國統一

基督教傳入

九世紀基督教傳入，對信仰在地多神教眾神的維京人造成深遠的影響。基督教傳入初期，北歐人以眾神的行列中多了一名「白袍基督」的觀點來接受這個新宗教。但是，基督教是不承認其他神祇的一神教，與北歐人過去信仰的多神教亞薩神族相斥。當時的國王因渴望強化君權，與各地有權有勢、信奉多神教的豪族對立。於是，國王不僅支持基督教傳教，還親自受洗成為基督徒，以便利用基督教的權威。

後來成為漢堡－布萊梅總主教的安斯加爾（Ansgar），就曾在北歐傳播基督教。安斯加爾奉法蘭西國王之命，於西元八二〇年代和八五〇年代兩度前往丹麥和瑞典傳教。在丹麥和瑞典國王的支援下，他於丹麥的海澤比、瑞典的比爾卡設立教會，希望說服人民改宗，結果卻失敗歸國。

其後，與德意志接壤的丹麥，基督教的傳教活動興盛起來，主事者是漢堡－布萊梅主教座堂。藍牙王哈拉爾受其影響，也在西元九六〇年改宗基督教。「主教座堂」是總主教以教長身分坐鎮的天主教會組織，教會為了管理和傳教會劃分出教區，由總主教擔任總教區領導者，往下又細分為由主教管理的主教區，以及由個別司鐸（神父）管理的小教區。

第一位改宗基督教的挪威國王，是由英格蘭國王撫養長大的好人哈康。十世

北歐各國設立的主教座堂

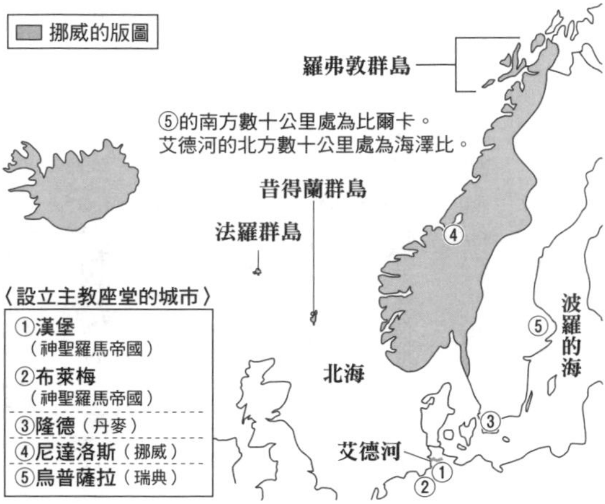

紀上半葉，父親金髮王哈拉爾過世、哈康成為挪威國王後，便開始嘗試讓國內基督教化，但因遭到農民和豪族反對而放棄。不過在這之後，挪威國王仍是基督教徒。

金髮王哈拉爾的玄孫奧拉夫二世推動國內改信基督教。反對的豪族因此與丹麥國王克努特二世聯手，於西元一〇二八年流放奧拉夫二世。前面已提過，奧拉夫二世在西元一〇三〇年歸國後即戰死，葬於尼達洛斯（現今的特隆赫姆）。據說一年後挖開墓穴時，他的遺體不僅像剛下葬時完好無缺，鬍子和指甲還伸長了。因此奧拉夫二世成為北歐首位封聖的國王，賜名「永恆的挪威國王」。基督教後來廣為挪威人信仰，尼達洛斯即成為北歐的一大朝聖之地。

相較於丹麥和挪威，多神教在瑞典的影響力維持更久。十世紀末，奧洛夫・舍特康努格在位期間推動基督教化，讓之後的歷代國王都是基督教徒。不過根據史書記載，作為政治重鎮的烏普薩拉依然是多神教的中心地，國王會以祭司的身分舉行九年一度的獻祭典禮（包含活人祭）。

十一世紀下半葉，瑞典國內因基督教而動盪不安，斯滕克爾（參照45頁）之子、瑞典國王英格一世（Inge Stenkilsson）拒絕擔任獻祭的祭司，因此一時遭到流放。瑞典東部對基督教的反彈格外激烈，讓國王奧洛夫只能被迫在西部受洗入教。十二世紀初，隨著教會的權力和影響力與日俱增，烏普薩拉的神殿遭到拆除，原地興建起基督教會（後來的烏普薩拉主教座堂）。

與此同時，北歐成為獨立的教會轄區，不再受到德意志教會的影響。西元一一〇三年左右，斯堪尼地區的隆德（現今的瑞典隆德）設立了主教座堂，自此包含北大西洋群島在內的整個北歐都脫離了漢堡－布萊梅總教區。丹麥的教省包含南日德蘭（什勒斯維希）南端、艾德河以北的區域，與南接的霍爾斯坦基督教轄區清楚劃分開來。直到西元一四六〇年，這個範圍都代表了丹麥最南邊的國界。

其後，挪威的尼達洛斯主教座堂於西元一一五二年、瑞典的烏普薩拉主教座堂於西元一一六四年，都脫離了隆德主教座堂而獨立。

另一方面，芬蘭的基督教化隨著瑞典的征服而推進。西元一一五五年或一一五七年時，瑞典國王艾瑞克九世（Erik Jedvardsson）以傳教和征服為目的，率軍入侵芬蘭。芬蘭人陸續臣服並改宗基督教，芬蘭也從此成為瑞典的東方領土。

此外，丹麥國王則以十字軍的名義發起遠征，接連攻陷並統治愛沙尼亞、波羅的海南岸、哥特蘭島。北歐各國這一系列的東征行動，就稱作「北方十字軍」。北歐

當時的日本

在上皇和法皇行使院政期間，武士開始嶄露頭角。經過1156年的保元之亂、1159年的平治之亂後，平氏一族崛起掌握大權。後來推翻平氏的源賴朝開創了鎌倉幕府，就此結束朝廷的執政權，開始實行武家政治。

人過去身為維京人投注在海上掠奪的精力，似乎都轉移到北方十字軍的遠征上了。

那麼，在沒有國王的冰島，情況又是如何呢？

十世紀末，挪威國王奧拉夫一世派傳教士前往冰島，在當地培養支持基督教的勢力。不僅如此，奧拉夫一世還用人質脅迫所有島民改宗。西元九九九年，冰島人民在全體議會上討論是否改宗。地區議會裡的立法和審判原本就和宗教的權威掛鉤，這麼一來可能使基督教徒和多神教徒分裂成採取不同法律的黨派。因此討論到最後，多神教的代表者決定所有島民都改信基督教，從此冰島便逐漸基督教化。

北歐與漢薩同盟

從十一世紀開始，隨著基督教跨越波羅的海傳播到東方，各地紛紛興建教會，同時拓展了商人的活動範圍。到了十二世紀，商人在各個主要城市組成行會，其中的貿易商人行會稱作「漢薩（Hansa）」，意思是「商會」。

透過波羅的海和北海交易的商品主要是穀物、木材、毛皮等，這些商品的利潤較低，需要薄利多銷，因此必須和其他城市的商人互助合作。隨著商人之間的人脈拓展開來，貿易活動的範圍也逐漸擴大，貿易路線以波羅的海與北海為中心，擴及斯堪地那維亞半島、英格蘭、法蘭德斯地區、波蘭、立陶宛、諾夫哥羅德。

後來，波羅的海和北海沿岸的城市為了維護遠地貿易的利益，彼此建立同盟關係，協議各城市的軍艦要聯合作戰，抵抗其他國家或城市、有力人士侵犯他們的特權，並防禦海盜橫行，阻止一切破壞同盟利益的行為。

這個以德意志呂北克為首的都市同盟就稱作「漢薩同盟」，前面提到的漢薩就是同盟的前身。因此，有些歷史研究者會刻意去掉同盟二字，主張「漢薩」一名就能表達「同盟」的意思。同盟都市中位在丹麥南邊的呂北克，因鄰近波羅的海與北海

漢薩同盟城市

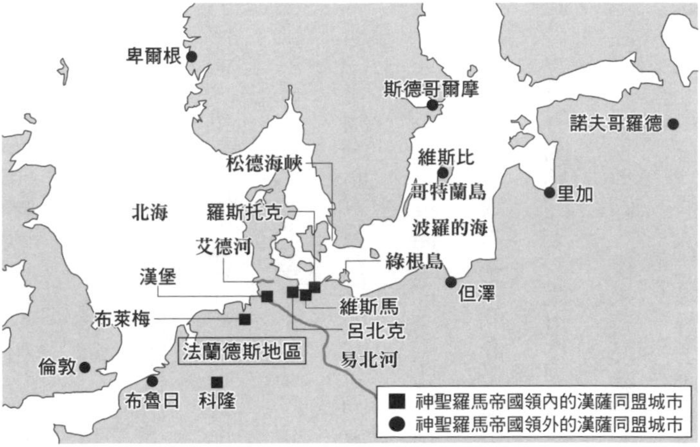

之間的日德蘭半島最南端的陸上貿易路線，而逐漸成為德意志人在波羅的海的經濟活動中心。

漢薩同盟的加盟都市還包括了漢堡、科隆。倫敦、諾夫哥羅德、挪威的卑爾根等歐洲各地都設立了商館，作為遠地貿易的據點。商館發布的消息統一在呂北克處理，用以孕育出更大的利益。

漢薩同盟和北歐各國皆以波羅的海為內海從事貿易，彼此也是競爭對手。不過，漢薩同盟不希望發生戰爭，認為活動區域裡沒有競爭勢力、保持和平才有益於經濟發展。因此，如果有某一國的國王坐擁強權，漢薩同盟就會支持與之對抗的勢力，以防該國王繼續壯大。此外，在丹麥與瑞典鬥爭之際，同盟也四處斡旋以免任何一方取得勝利，可見漢薩既是商業都市的同盟，也是足以影響北歐國際關係的組織。

由漢薩商人振興的北歐城市當中，包含了瑞典的斯德哥爾摩。西元一二五二年左右，斯德哥爾摩原本還只是於瑞典中東部的梅拉倫湖與波羅的海之間形成的小島。德意志人十分重視這塊土地，便將之作為貿易窗口，闢建港口、市場、倉庫等設施，讓斯德哥爾摩成為繁榮的商業都市。

此外，哥特蘭島的維斯比也是漢薩商人一手打造的都市。維斯比原本是哥特蘭島當地居民的貿易地區，後來有漢薩商人加入並掌握市政後，這裡就成了漢薩同盟的貿易據點。現在當地依然保留了作為漢薩同盟貿易據點時的街景，以「漢薩同盟城市維斯比」一名列入世界文化遺產。而維斯比和斯德哥爾摩這兩座城市，就是日本動畫電影《魔女宅急便》背景裡的港都克里克的原型。

遭漢薩兼併的北歐經濟

談到這裡，深受漢薩同盟影響的北歐經濟狀況又是如何呢？

挪威北部有座以羅弗敦群島（參照57頁地圖）為中心的鱈魚漁場。最晚在十一世紀，農民就已經會將曬乾的鱈魚堆進船艙，行經卑爾根運送至英格蘭，並在當地購買小麥、釀造啤酒用的麥芽、布料等等，從事零售業作為自己多元職業的一環。

到了十三世紀，漢薩商人進駐卑爾根，建立商館和倉庫後，開始購買挪威產的鱈魚乾、兜售到歐洲各國，並用賺來的錢購買穀物，再賣回北挪威。最後，漢薩商人壟斷了鱈魚乾的生意，北挪威居民在貿易上愈來愈依賴漢薩商人、變成生產鱈魚乾的承包商。

十三世紀末，挪威國王為了阻止這種經濟趨勢，於是限制漢薩商人在國內活動，卻也因此斷了穀物的供給來源，政策以失敗收場。

斯堪尼海岸與西蘭島之間的松德海峽（參照17頁地圖），是著名的鯡魚漁場。擁有可以捕到大量鯡魚的漁權，是丹麥國王的重要財務來源。鯡魚需要用鹽醃漬後才能出口，因此漢薩同盟先掌握了鹽巴的流通管道，再將鹽漬技術教給不產鹽的北歐，甚至還掌控了鯡魚的保存與加工產業。丹麥的漁民不僅要向漢薩商人買鹽，還要向他們預借漁具等生產工具，因而逐漸受到同盟的箝制。

從上述兩個例子即可看出，原本不需依賴外來商人就能自立的挪威與丹麥經濟，隨著漢薩同盟的貿易活動而瓦解、併入其經濟範圍內。

不過，瑞典的情況稍有不同。在漢薩商人到來以前，瑞典國內就已開採礦山、生產鐵與銅。德意志人移居而來，和瑞典人一同經營礦場、合作開採和精煉，將礦產賣給漢薩商人。雖然漢薩商人後來也壟斷了礦產的買賣，但德意志的礦場經營者已經融入當地，因此得以脫離漢薩同盟的利害關係，獨立發展瑞典的經濟。

在內戰中成長的君權

十一～十三世紀的斯堪地那維亞三國內戰頻傳。50頁提過，王位的繼承權需符合兩個原則，其中的「人民同意」原則，就是引發內戰的主因。

此時，國王已逐漸征服各地半獨立的有力豪族，將自己的統治權強化到足以擴及全國，確立起讓效力君主的王公貴族分治各地的體系。

在這種統治體系之下，地方豪族中出現了「貴族（領主）」階級。西元一一〇四年，丹麥國王尼爾斯（Niels）便將所有大臣封為貴族，並締結契約以維護他們的權利。十三世紀初，丹麥國王瓦爾德馬二世（Valdemar II）為了穩定國家收入和培養軍事力量，也將擁有土地的農民劃分成只需從軍的貴族和需要納稅的農民。

西元一二八〇年，瑞典設立了特權身分。凡是從軍者，翌年即可免除神職人員的稅金。瑞典語中的「貴族」是「frälse」，意思就是「得以免稅的人」。不過，這個身分並非世襲，即便身為需要納稅的農民，只要願意從軍，就可以成為貴族。

後來，這個政治體系逐漸成熟，國王的權力（君權）不斷增強，國內的有力人士和教會開始積極參與王位繼承問題。傳統的有力人士不希望自己在古老地區的獨立地位和統治權遭到剝奪，唯恐新興貴族和教會搶走既得權益，於是反對君權擴大。內戰就此而起，王位繼承問題使國內嚴重動盪。

從此以後，斯堪地那維亞三國的王位繼承，都紛紛走向不需「人民同意」的世襲制，並成立法典作為依據。

瓦爾德馬時代

52頁提到，斯文・埃斯特里德森發動叛亂，反抗兼任丹麥國王的挪威善良王馬格努斯一世。到了西元一〇四七年馬格努斯一世去世，斯文・埃斯特里德森正式成為丹麥國王。斯文二世膝下有十幾個兒子，其中五人經歷一番爭鬥後，決定依年紀順序繼任王位，於是西元一一〇四年輪到了尼爾斯即位。

這時，前任國王艾瑞克一世（Erik I）的兒子克努特・拉瓦德（Knud Lavard），脫離從小長大的德意志薩克森公爵家回國。克努特・拉瓦德渴望成為與德意志相鄰的南日德蘭（什勒斯維希）的「伯爵」，並得到尼爾斯的許可。尼爾斯考量到克努特・拉瓦德有權繼任王位，才決定賜封他這個僅限於個人的地位。

與南日德蘭南邊接壤的是神聖羅馬帝國屬地霍爾斯坦，那裡的斯拉夫裔文德人曾經跨越國界艾德河往北入侵，但克努特・拉瓦德穩住了當地局勢，因而獲得人民支持。此外，在德意志長大的克努特・拉瓦德效仿德意志的封建制度，開始自稱為南日德蘭的「公爵」而非伯爵。此舉使得德意志的封建制度逐漸滲透至丹麥南部。

不僅如此，克努特・拉瓦德主張自己擁有霍爾斯坦的繼承權，獲得神聖羅馬皇帝賜封「霍爾斯坦公爵」。這代表他既是丹麥的王族，也是神聖羅馬皇帝的大臣，結果導致神聖羅馬帝國日後介入丹麥的王位繼承問題。

西元一一三一年，尼爾斯國王之子馬格努斯一世（Magnus Nilsson）暗殺了克努特・拉瓦德，丹麥隨即陷入內戰。尼爾斯國王、馬格努斯一世、繼位的艾瑞克二世（Erik II）都在內戰期間陸續喪命，最後由艾瑞克二世之子斯文三世（Svend III）繼承王位，並於西元一一四六年始與敵對的馬格努斯一世之子克努特五世（Knud V）共同統治，兩人的堂弟瓦爾德馬一世（Valdemar I）也分封到領地。

丹麥國王的系譜（11世紀中葉～14世紀中葉）

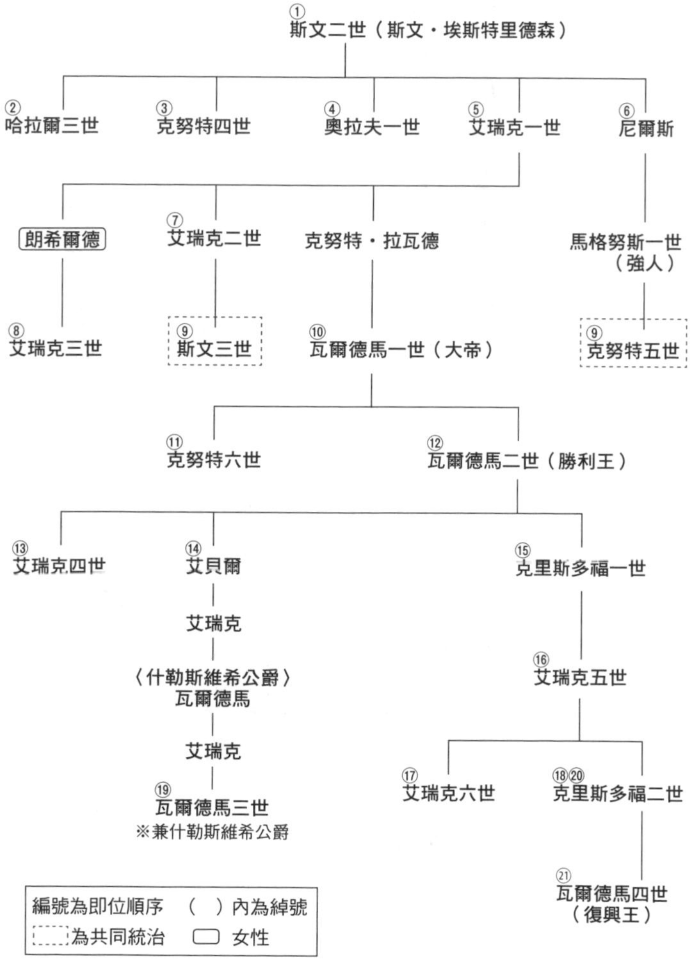

※編註：克努特大帝在英格蘭稱克努特一世、丹麥稱克努特二世；哈德克努特在英格蘭稱克努特二世、丹麥稱克努特三世。克努特四世沒能登上英格蘭王位。

西元一一五七年，斯文三世突然計劃謀殺另外兩人，克努特五世遇害身亡，這起事件就稱作「羅斯基勒流血晚宴」。大難不死的瓦爾德馬一世打敗了斯文三世，成功登上王位，終結了這場內戰。

瓦爾德馬一世即位時，國內不僅因為內戰而衰敗荒蕪，擁有面朝波羅的海南岸地區領地的北德意志諸侯還伺機入侵丹麥領土，文德人在沿海地區大肆掠奪。有鑑於此，瓦爾德馬

一世任命童年好友羅斯基勒主教阿布薩隆（Absalon）為顧問，開始在各地建造軍事堡壘，藉此對抗北德意志的諸侯和文德人。其中一座是位於西蘭島東部的「哈根城」。「哈根（Havn）」的意思是港口，這裡幾經發展後，就成了未來的丹麥首都哥本哈根（丹麥語名稱「Kjøbmandehavn」就是意指「商人的港口」）。

此後，瓦爾德馬一世開始遠征波羅的海南岸的文德人國家，次數多達二十二次，迫使他們臣服。

丹麥國內的荒地陸續開墾，文德人的威脅也逐漸消失，於是波羅的海的貿易開始興盛，人民得以和平度日。

在這樣的治世下，瓦爾德馬一世被尊稱為「大帝」。從他即位當年到西元一三七五年瓦爾德馬四世（Valdemar IV）去世的期間，就稱作丹麥的「瓦爾德馬時代」。

國王無地可治

西元一一八二年，瓦爾德馬一世去世後，其子克努特六世（Knud VI）繼位，但因年紀尚小，由總主教阿布薩隆輔佐。

身為軍事統帥的阿布薩隆功績輝煌。在克努特六世即位時，神聖羅馬皇帝曾企圖控制丹麥，於是派使者勸說克努特六世臣服，但阿布薩隆引導國王拒絕了這個要求。丹麥在克努特六世的時代，征服了波羅的海南岸的梅克倫堡、波美拉尼亞等文德人的勢力範圍。

西元一二〇一年阿布薩隆逝世，翌年克努特六世也相繼去世後，其弟弟瓦爾德馬二世（Valdemar II）即位。瓦爾德馬二世在西元一二一九年發起十字軍，征服了愛沙尼亞。

於是，丹麥除了本國以外，還獲得了愛沙尼亞、文德人手中的綠根島等波羅的海南岸地區，而且還讓神聖羅馬皇帝承認丹麥擁有易北河（河口位於日德蘭半島根部）以北地區——霍爾斯坦的統治權。

然而，隨著丹麥勢力逐步擴大，開始與漢薩同盟和北德意志諸侯的利益產生衝突。

西元一二二三年，德意志的伯爵綁架了瓦爾德馬二世和其兒子，要求他們付出巨額的金銀財寶贖身，並發誓放棄丹麥本國、愛沙尼亞、綠根島以外的領地。父子獲釋後，在羅馬教宗的支持下毀約、與北德意志諸侯開戰，卻不幸戰敗。

當時的日本

幕府在鎌倉建立起武家政權，1221年承久之亂結束後，需要為武士制定專法。因此，以鎌倉幕府的執權北條泰時為首，在1232年訂立了最早的武家法律《御成敗式目》（貞永式目）。

晚年的瓦爾德馬二世致力於整頓法典，編纂出以日德蘭地區古老法律為基礎的《日德蘭法典》。他於西元一二四一年頒布這部法典，數週後便離世了。

之後，丹麥的王位之爭仍持續不休。西元一二五九年，年僅九歲的艾瑞克五世（Erik V）即位，卻遭敵對勢力擄到德意志。艾瑞克五世直到成年才返回丹麥，由於離開祖國多年，因而和許多有力人士對立。西元一二八二年，他被迫簽署《王室憲章》，承諾「國王每年召開一次貴族會議」、「需有法律依據和審判才能囚禁貴族」等等。西元一三二〇年，克里斯多福二世（Christoffer II）即位後，又改簽另一份《即位憲章》，使君權開始受到限制。

西元一二八六年，艾瑞克五世遇害身亡，繼位的艾瑞克六世（Erik VI）將涉嫌謀殺父親的貴族流放到國外，最後連總主教都押入大牢。羅馬教宗針對艾瑞克六世的行為，要求他繳交巨額罰款，否則就要禁止神職人員在丹麥活動。

苦惱的艾瑞克六世向教宗求情，才得以減輕罰款。然而，崇拜瓦爾德馬二世的艾瑞克六世奢侈無度，總把錢浪費在參加國外賽馬這類耀武揚威的事情上，連減輕的罰款都繳不出來。於是他提高賦稅，卻引發農民暴動。結果束手無策的艾瑞克六世，竟然用自己的領地作為擔保，向國內外貴族貸款。從抵押用的領地徵得的稅金並不是交給丹麥國王，而是交給國王的債主。

這些代替國王取得稅收的貴族就稱作「押地領主」，他們大多是北德意志的諸侯，因此得以深入干預丹麥的政治和經濟。

西元一三二〇年，艾瑞克六世的弟弟克里斯多福二世即位後，財政更加惡化。不僅如此，丹麥勢力最大的貴族、霍爾斯坦伯爵格哈德（Gerhard）還聯合其他押地領主，在西元一三二六年推翻克里斯多福二世，暫時擁立什勒斯維希公爵瓦爾德馬三世（Valdemar III）為國王。

克里斯多福二世想方設法要奪回王位，但沒有任何領地可以治理，就這麼在西元一三三二年去世。王位的空缺一直持續到西元一三四〇年，直到克里斯多福二世的兒子瓦爾德馬四世（Valdemar IV）即位，才逐步解決押地領主割據的狀況。

偉大的挪威國王

自從十一世紀中葉無情者哈拉爾三世（參照33頁圖）即位後，挪威就不時出現由兩名以上的國王和平共治的情形，君權統一的發展相當緩慢。不過在西元一一三〇年以後，有力人士為了擁立年幼的王位繼承者來提高自身權力，彼此爭鬥不休，導致內戰頻傳。

在這樣的情勢之下，西元一一七六年有個叫作斯韋雷（Sverre）的人自稱「王子」，來到挪威國王麾下的法羅群島。

挪威王室（12世紀下半葉～14世紀上半葉）

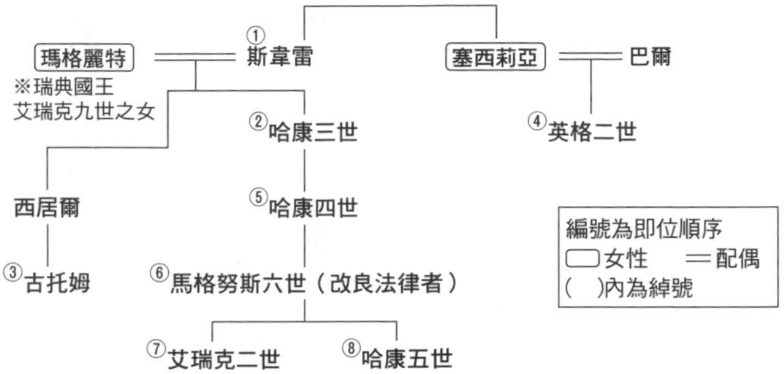

當時的挪威有個由農民和內戰殘兵組成的「樺樹皮鞋黨」。他們非常貧窮，總是用白樺樹皮裹在腳上禦寒，所以才以此命名。斯韋雷成為樺樹皮鞋黨的領袖，率領黨員打贏了內戰，成為挪威國王，從此開創「斯韋雷王朝」。

不過，教會一向只承認並賜福擁有王室正統血脈的國王，不願意認同來路不明的斯韋雷，甚至還擁立其他國王、和丹麥國王聯手對抗斯韋雷。

直到西元一二一七年，即位的斯韋雷孫子哈康四世（Håkon Håkonsson）擁有正統的王室血緣，才終於獲得教會認可，內戰就此結束。

在哈康四世的治理下，挪威開始邁向繁榮盛世。

哈康四世先是與教會合作，決定由王后所生的長子單獨繼承王位。雖然仍保留了「人民同意」的慣例，不過這代表挪威比丹麥和瑞典早一步確定了世襲君主制。

此外，他還與英格蘭、漢薩同盟建立通商協定，讓國內貿易興盛、國家經濟富足。這份通商協定保障了漢薩商人的人與物可自由流通，以卑爾根為中轉地擴大商業活動的範圍。不過，這件事也導致日後漢薩商人逐漸掌握挪威的經濟命脈。

哈康四世在壯大國力之後，便開始向外拓展。他介入冰島的權貴之爭，獲得文人斯諾里（Snorri Sturluson，參照114頁）等幾名有力人士的效忠。西元一二六二年，挪威國王開始統治冰島，但冰島人仍然得以舉行全體議會。哈康四世在冰島推動修法時，冰島人不僅在議會中承認挪威修法，也接受了新的法律。

前年西元一二六一年，哈康四世征服了格陵蘭。自此，過去挪威人曾殖民過的北大西洋各島嶼都成為挪威的屬地。

西元一二六三年，馬格努斯六世（Magnus Håkonsson）繼承王位之後，效仿父親哈康四世繼續推動國內修法，制定了北歐最早的「全國法」，因而有「改良法律者」之稱。

瑞典王室（12世紀上半葉～14世紀中葉）

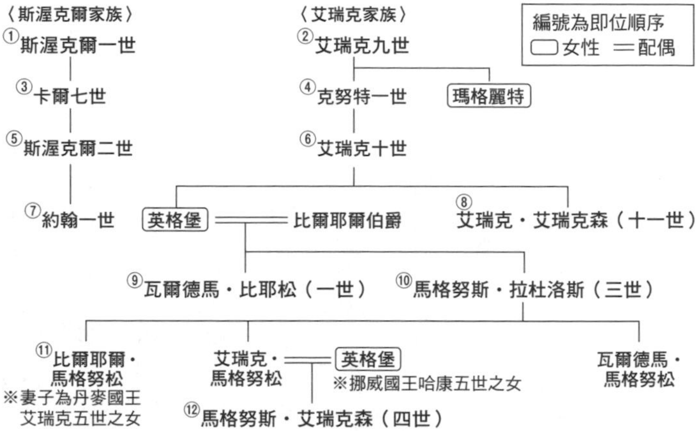

設立王國委員會

十一～十二世紀，瑞典也處於內戰中。從西元一〇六〇年開始的斯滕克爾王朝於西元一一二〇年斷絕，後續繼任瑞典國王的是有力貴族斯渥克爾（Swærkir）。然而，斯渥克爾遇害身亡，由親族艾瑞克九世（Erik IX）即位，最終也遭到暗殺。而這兩起謀殺的嫌犯，是後來即位的英格一世（參照59頁）的曾孫馬格努斯・亨里克松（Magnus

Henriksson）。馬格努斯・亨里克松的母方繼承了斯滕克爾（參照45頁）的血統，父方則繼承了斯文・埃斯特里德森的血統。北歐三個王國的王室和豪族透過聯姻互相連結，這也是讓內戰更加複雜的一大因素。

其後，馬格努斯・亨里克松遭斯渥克爾之子卡爾（Karl Sverkersson）率軍殺害。卡爾七世接任王位（※編註：第一位名叫卡爾的瑞典國王，但根據傳奇回推稱卡爾七世），自此一個世紀都由斯渥克爾家族與艾瑞克家族的後代交互繼承王位。斯渥克爾家族在卡爾七世的孫子一代無男嗣，因此之後都由艾瑞克家族繼任國王。

西元一二二二年，年幼的艾瑞克・艾瑞克森（Erik Eriksson）即位為艾瑞克十一世，由少數幾名大貴族和主教擔任監護人，探討國家大事，此即「王國委員會」。艾瑞克十一世曾一度遭到廢黜，復位後統治到西元一二四九年，但後繼無人，家族血脈斷絕。

王位出現空缺前，斯渥克爾家族後代有個娶了艾瑞克十一世姊姊為妻的伯爵比爾耶爾（Birger jarl）。其坐擁莫大權力，但並沒有就任王位，而是在西元一二五〇年擁護兒子瓦爾德馬・比耶松（Valdemar Birgersson）即位為一世，而後親自掌權，成為背後實質的國王。這個新王室就稱作福爾孔家族，從此開啟「福爾孔王朝」。

西元一二六六年比爾耶爾去世後，瓦爾德馬一世和弟弟馬格努斯・拉杜洛斯（Magnus Ladulås）失和，開始爭奪王位。西元一二七五年，馬格努斯・拉杜洛斯打敗瓦爾德馬一世，成功奪得王位，是為馬格努斯三世。

馬格努斯三世即位後，便設立了貴族身分（參照68頁），並將王國委員會定為常設機關，試圖強化君權、推行改革。不僅如此，他還整頓了各個地區的古老法律和風俗習慣，以八個省為一個單位，分別制定統一法律，逐步強化君權。

馬格努斯三世晚年，長子比爾耶爾・馬格努松（Birger Magnusson）開始執政，並在父親死後繼承王位。但比爾耶爾和兩個弟弟發生了權力鬥爭，而身為他們岳父的丹麥國王（艾瑞克五世）和挪威國王（哈康五世），乃至北德意志的諸侯都介入了這場鬥爭。西元一三一〇年，這三股勢力簽訂了《赫爾辛堡和約》，才姑且平息紛爭。和約內容是將瑞典國土分為三個區域，由三兄弟分別統治。

儘管如此，西元一三一七年，比爾耶爾卻誘騙兩個弟弟到首都西南方七十公里處的尼雪平參加宴會，並加以殺害。翌年，王國委員會流放了比爾耶爾，選出其弟艾瑞克的遺孤馬格努斯・艾瑞克森（Magnus Eriksson）成為新國王馬格努斯四世。

芬蘭的形成

斯堪地那維亞三國在內戰中逐漸強化君權之際，芬蘭仍處於政權尚未統一的狀態。十二世紀，西方的瑞典和東方的諾夫哥羅德為了傳播基督教和取得毛皮，紛紛

瑞典的版圖（1323年）

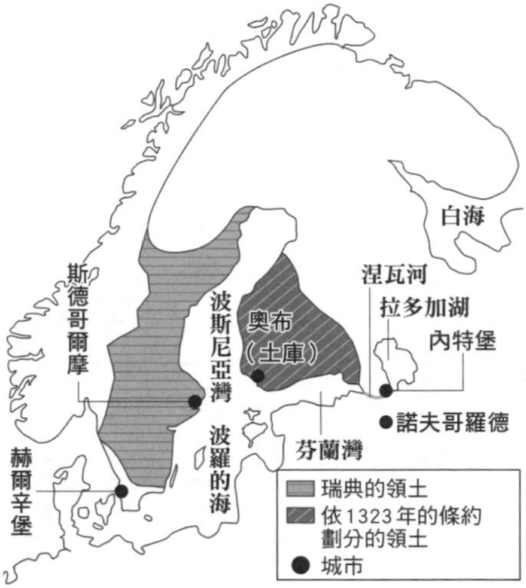

將觸角伸入芬蘭。之後就如60頁提過的，瑞典發起北方十字軍東征，占領了芬蘭西南部，其後不僅將之納入天主教會轄區，還興建了堡壘。

瑞典的第一批北方十字軍占領芬蘭部分地區作為東方領地後，於西元一二四〇年再度往東方進攻，與信仰東正教的諾夫哥羅德大公亞歷山大・涅夫斯基（Александр Невский）在涅瓦河爆發衝突，才停下繼續東征的腳步。順便一提，諾夫哥羅德大公國後來併入莫斯科大公國，最終成為俄羅斯帝國。

西元一三二三年，瑞典和諾夫哥羅德在德意志商人介入下調停，於內特堡（現今的俄羅斯什利謝利堡）簽署和約。這份和約將卡累利阿人的居住地區一分為二，由瑞典統治芬蘭灣北岸、諾夫哥羅德統治東卡累利阿。這時劃定的邊界與現今芬蘭和俄羅斯的國界大不相同，卻是歷史上首度明確劃分的北歐東方邊界。不過，薩米人（參照25頁）居住的北方內陸地區邊界依然模糊不定。

到了十三世紀，雖然芬蘭的範圍還不甚清楚，但教宗和各個國王已經開始用拉丁語「Finlandia」來稱呼芬蘭了。從西元一二八四年，瑞典國王馬格努斯三世將弟弟封為芬蘭的公爵一事便可得證。

從此以後，芬蘭的地位逐漸升高。瑞典因內戰而開始在芬蘭任命地方首長，並且在芬蘭建立和瑞典本國相同的行政制度，芬蘭亦可參與國王的選任。之後，瑞典在奧布（芬蘭語名為土庫）設立主教座堂，芬蘭成為一個獨立的總教區。不過，統治芬蘭的貴族和行政官員都來自瑞典，人口較多的芬人幾乎都是農民。

以拉丁語記述祖國腳步的歷史學家

薩克索

Saxo Grammaticus

（約1150～1220）

丹麥史書的執筆者

薩克索出生於西蘭島，精通拉丁語和古典文學，因此後世推測他很可能曾在法國讀書。

薩克索是總主教阿布薩隆的祕書，負責用拉丁語記錄本國歷史。其拉丁語文法知識備受讚賞，甚至被尊稱為「博學者（Grammaticus）」。

薩克索以拉丁語寫成全套16本的《丹麥人的事跡》（Gesta Danorum），從老王高姆一路講述到克努特六世的丹麥歷史，是現代十分珍貴的丹麥史料。

此外，現在的哥本哈根大學歷史系就是引用薩克索的名字，命名為「薩克索學院（SAXO Instituttet）」。

chapter 3

卡爾馬聯盟

人口減少導致財政困境

十一～十三世紀，北歐各國內戰頻傳，人口卻持續增加，原因在於農業、水產業、礦業、商業等各個產業蓬勃發展。不過從西元一三〇〇年開始，除了部分地區以外，人口卻出現減少的傾向。其中一個因素可能是夏季日照不足和多雨。

到了十四世紀，黑死病（鼠疫）傳染更是讓人口加速銳減。尤其是西元一三四六年到一三四八年的大流行，造成整個歐洲人口大規模下降。西元一三四九年，黑死病傳到挪威的卑爾根（參照63頁地圖），疫情從這裡擴散到整個北歐。北歐因此失去三分之一的人口，挪威則有將近一半的人病逝。冰島雖然躲過了十四世紀的黑死病疫情，但在十五世紀末的疫情中死亡慘重。

黑死病疫情的起伏一直持續到十六世紀，北歐的人口直到西元一七〇〇年才終於恢復到十四世紀的水準。

人口減少為王國帶來財政壓力。國庫的收入來自王公貴族等大地主的土地稅金，但耕作農地的農民人數因疫情而大量減少。而且相對於稅收減少，傭兵的薪資、堡壘的興建與維護、衛兵隊的生活費等軍事相關支出卻增加了。因此，國王設立了貿易關稅來開拓新的財源。例如十五世紀的丹麥國王，就規定通過波羅的海與北海間松德海峽的船隻需要繳納通行稅。

另一方面，人口雖然減少，商業仍持續發展。挪威因為鱈魚乾的國際需求量擴大和成功商品化，漁業得以蓬勃發展。

因此，十四世紀相繼出現了投入商業的有力人士。他們為了增加收入，期望可以透過王國委員會（以下通稱為常設後的名稱「國務院」）改成由貴族執掌政權，而非會對商業施加諸多限制的強勢國王。在其他國家擁有領地的貴族也為了能夠與外國穩定貿易，而支持在各個王國和平共處的狀態下保有寬鬆的聯盟關係。

然而在十五世紀，法蘭德斯地區和英格蘭商人開始進駐波羅的海，他們抗議漢薩商人的特權、試圖與之競爭，北歐各國的國王才開始紛紛脫離漢薩同盟的經濟控制，轉而與法蘭德斯地區的商人合作。

全新的共主聯盟誕生

西元一二八〇年，挪威國王馬格努斯六世逝世，由其子艾瑞克二世（Eirik II）繼位。艾瑞克二世膝下無子，西元一二九九年傳位給弟弟哈康五世（Håkon V）。但哈康五世也沒有生下男嗣，挪威只好修法，讓瑞典國王馬格努斯・拉杜洛斯的兒子艾瑞克・馬格努松，和自己的女兒英格堡・哈康斯多塔（Ingebjørg Håkonsdatter）所生的兒子能繼承王位。

斯堪地那維亞三國的王室（14世紀～16世紀上半葉）

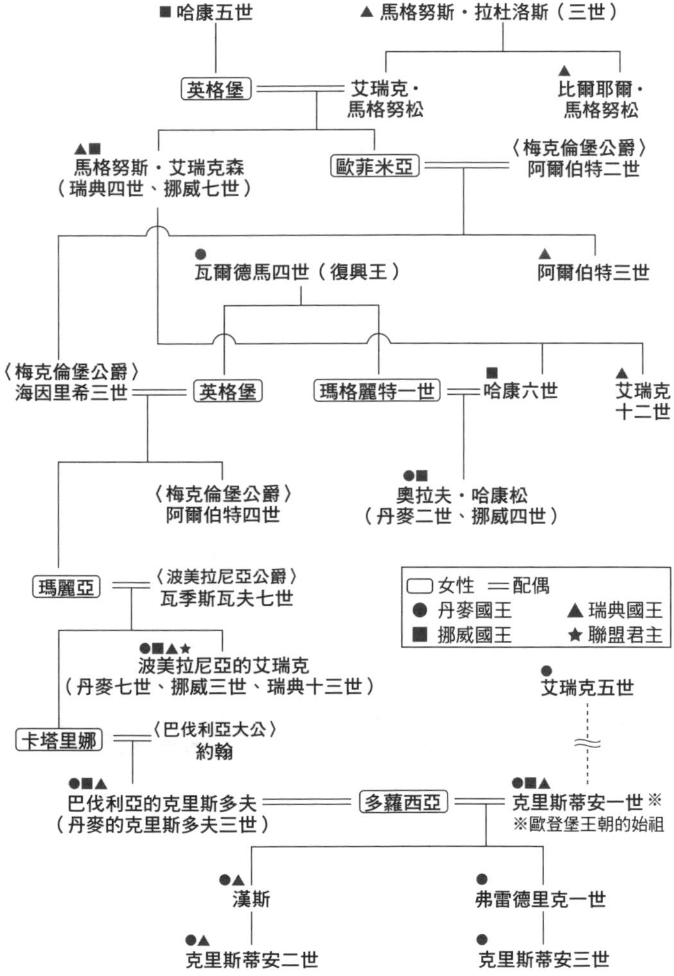

西元一三一九年，哈康五世去世，外孫馬格努斯・艾瑞克森（Magnus Eriksson）繼任為挪威國王馬格努斯七世。新國王年僅三歲，因此由母親英格堡攝政、掌握國家實權，同年其父艾瑞克遭瑞典國王殺害。國王遭流放，結果瑞典王室的男嗣只剩馬格努斯・艾瑞克森，於是他被選為瑞典國王，是為馬格努斯四世。自此，瑞典和挪威成為有同一名君主的共主邦聯。

共主邦聯成立後，兩國的國務院（這時的挪威也有常設國務院）商討如何讓彼此的國家都能獨立存續，最終決定了兩個條件：①國王在各國居留的期間平等，且必須依循各國的法律和王國國務院的建議來治國；②兩國

當時的日本

鎌倉幕府在1333年滅亡後，1334年開啟了以後醍醐天皇為首的朝廷政治，取代原本的武家政權，史稱建武新政。然而，朝廷因此和一群受到冷落的武士對立，讓新政只維持了3年便結束。

之間的財政不互通，若有一國發生戰爭，不得派另一國出兵參戰。

西元一三三二年，成年後的馬格努斯・艾瑞克森開始親政。這時母親英格堡和國務院的矛盾已屆尾聲，她不再干涉政治，但馬格努斯・艾瑞克森仍想取得母親擁有的丹麥領土斯堪尼。

翌年，他打算花錢買下斯堪地那維亞半島南端的斯堪尼和東側的布萊金厄，卻付不出買地錢。當時，瑞典各地的稅收權利掌握在押地領主手上，繳入國庫的稅金微乎其微，而黑死病疫情還讓稅收變得更少。因此他開始向農民課徵臨時稅，卻導致農民紛紛拋棄農地；稅收依然不足，於是他轉向漁場和市場課徵關稅，又引得當時把持著挪威貿易的漢薩商人群起抗議（參照66頁）。不僅如此，馬格努斯・艾瑞克森也向貴族和教會課稅，使國內暴動四起。

除了課稅引起的暴動之外，馬格努斯・艾瑞克森還要面對王位繼承問題。他將長子艾瑞克・馬格努松（Erik Magnusson）立為瑞典王儲，並於西元一三四三年將挪威王位傳給次子哈康六世（Håkon VI），但自己繼續擔任攝政、掌握實權。

西元一三五六年，神職人員和貴族因不滿國王的政策而發起政變，擁護瑞典王儲艾瑞克・馬格努松即位為艾瑞克十二世。但西元一三五九年艾瑞克十二世便猝逝，導致瑞典再度面臨新的王位繼承問題。

丹麥復興

十四世紀的丹麥國土大多是由德意志的押地領主治理，雖然曾有人試圖從德意志人手中解放國土，但都以失敗收場。西元一三四〇年，成為丹麥國王的瓦爾德馬四世擔憂國家前途，便開始計劃統一國土。

瓦爾德馬四世即位當年，與南日德蘭的什勒斯維希公爵之妹海爾薇格（Dronning

Helvig）結婚，不費一兵一卒即取得日德蘭北部的土地作為嫁妝。之後，他憑著戰爭和金錢逐漸收復領地。購買土地的財源來自人民的稅金，還賣出瓦爾德馬二世當年取得的愛沙尼亞來籌錢。除此之外，他還接收了所有因瘟疫而失去領主的土地。

瓦爾德馬四世幾乎收復了所有國土，唯獨斯堪尼地區令他煞費苦心，因為那裡的土地所有權掌握在瑞典國王馬格努斯・艾瑞克森手中。因此，瓦爾德馬四世與馬格努斯・艾瑞克森打好關係後，將最小的女兒瑪格麗特一世（Margrete I）嫁給挪威國王哈康六世，終於在西元一三六〇年收復斯堪尼。於是，除了岳父擁有的什勒斯維希公國（當時的領主是前丹麥國王瓦爾德馬三世之子）以外，丹麥幾乎達成了統一。收復失土的功績讓瓦爾德馬四世擁有「復興王」的稱號。

瓦爾德馬四世成功復興丹麥後，開始有了擴張勢力的野心。西元一三六一年，他遠征漢薩同盟的重要貿易據點哥特蘭島的維斯比，成功統治當地，但也因此與漢薩同盟為敵。從西元一三六八年到一三七〇年，北德意志諸侯、瑞典與漢薩同盟為了阻止丹麥勢力擴大，組成聯軍擊敗了丹麥軍。雙方在西元一三七〇年和談、簽下《施特拉爾松德條約》，漢薩同盟得以在波羅的海自由貿易。不過在這之後，丹麥和瑞典仍為了爭奪斯堪尼的主權而爭鬥不休。

之後，反瓦爾德馬同盟解散，數年後瓦爾德馬四世便去世。

三國聯盟成立 －卡爾馬聯盟－

瓦爾德馬四世有六個兒子，長子克里斯多福二十二歲即英年早逝，只有兩個女兒長大成人。大女兒英格堡・瓦爾德馬斯多塔（Ingeborg Valdemarsdatter）嫁入北德意志的梅克倫堡公爵家，小女兒瑪格麗特一世則嫁給挪威國王哈康六世。兩人都育有兒子，且雙方皆有丹麥王位繼承權。

瑪格麗特一世十歲時便移居挪威，接受嚴格的教育，頭腦十分精明聰慧。瓦爾德馬四世於西元一三七五年逝世後，瑪格麗特一世便攏絡國務院，讓兒子奧拉夫二世（Oluf II）登上丹麥王位。當時奧拉夫二世年僅五歲，因此由瑪格麗特一世擔任攝政。姊姊英格堡比瓦爾德馬四世早五年離世，所以沒能推舉兒子阿爾伯特四世（Albrecht IV）成為丹麥國王。

西元一三八〇年，哈康六世去世後，奧拉夫二世兼任挪威國王（奧拉夫四世），瑪格麗特一世成為兩國的攝政。此時，原本的挪威領土法羅群島（參照57頁地圖）成為丹麥領土，雖然後來曾一度遭到他國占領，不過至今仍是丹麥領土。

與此同時，瑞典國王是阿爾伯特三世（Albrekt III）。他是馬格努斯・艾瑞克森的外甥，繼承了德意志的梅克倫堡公國，由於其表弟哈康六世是挪威國王，因此他要求取得瑞典的王位繼承權，並於西元一三六四年即位。

然而，從小受德意志教育的阿爾伯特三世期望採取德式的君臣關係，反對當時由王國國務院主導政局的體制，因而與國務院對立。雙方的矛盾日漸加深，於是阿爾伯特三世從包含梅克倫堡公國在內的德意志各地招募傭兵，國務院則是尋求瑪格麗特一世的協助。因為奧拉夫二世是馬格努斯・艾瑞克森的外孫，擁有瑞典王位的繼承權，可以作為對抗阿爾伯特三世的籌碼。

西元一三八七年，就在瑪格麗特一世和瑞典的貴族開始談判時，其子奧拉夫二世年僅十七歲便夭折，代表丹麥和挪威兩個王室都失去了男性繼承人。而瑞典國王阿爾伯特三世擁有挪威王室血統，具有挪威王位繼承權；此外，時任梅克倫堡公爵的阿爾伯特四世是瑪格麗特一世姊姊英格堡的兒子，擁有丹麥王位繼承權。也就是說，梅克倫堡家族可以合法獲得三國王位。

不過，北歐各國的國務院唯恐權力過度集中在梅克倫堡家族，會讓德意志的影響力變得太大，於是便攜手合作。丹麥國務院先是將瑪格麗特一世選為「丹麥王國的全權主婦、主人暨監護人」。由於當時女性沒有王位繼承權，瑪格麗特一世身為丹麥後繼無人大家族中的「主婦」，可以藉由這個稱號超越主婦的資格成為「主人」，也就是實質的君主。而「監護人」是指選任國王的權限。

西元一三八八年，挪威國務院也承認瑪格麗特一世是「挪威的全權主婦暨主人」。此外，瑪格麗特一世還收養了姊姊英格堡的孫子、來自北德意志諸侯波美拉尼亞家的艾瑞克（Eric of Pomerania，英格堡之女瑪麗亞・梅克倫堡的兒子）。因此，挪威國務院將這位波美拉尼亞的艾瑞克立為國王。

在瑪格麗特一世的領導下，丹麥與挪威團結一致，於西元一三八九年派兵支援瑞典的反阿爾伯特勢力，擊敗阿爾伯特三世所率領的軍隊和德意志傭兵團，將他逮捕入獄。後來阿爾伯特三世獲釋，便以維斯比為據點開始當海盜。

西元一三九七年，波美拉尼亞的艾瑞克成年後，斯堪地那維亞三國的權貴在瑞典南部、丹麥邊界附近的卡爾馬城齊聚一堂。這場會議中，各國的有力人士擁戴艾瑞克為共主，於是他成為斯堪地那維亞三國共通的君主，除了已經繼承的挪威王位（包含冰島），也從此開始兼任丹麥和瑞典（包含芬蘭）的國王。

同時，會中還決定三國永遠擁戴同一名君主，爆發戰爭時要互相協助，但各國內政獨立、保有各自的王國地位。歷史上引

卡爾馬聯盟的範圍

用召開這場會議的地名，將這個聯盟稱作「卡爾馬聯盟」。

雖說聯盟有一名共主，但實質的盟主仍是瑪格麗特一世。她為了削弱丹麥和瑞典有力人士自古在國務院建立的權力基礎，以及地方議會的影響力，便在各地派駐直屬官員，企圖集權中央。如此一來，就能收回過去以押地領主身分非法濫用的國王領地，增加土地稅收、充實國庫，幫助強化王權。

不過，瑞典人並不喜歡瑪格麗特一世的作風，因為那些派駐的地方官員不是丹麥人就是德意志人，根本不熟悉瑞典的習俗。但瑞典人只能姑且忍讓，畢竟他們不希望已經成為海盜的阿爾伯特三世重回王位。

搖搖欲墜的聯盟

儘管聯盟的成立理念是永遠支持同一名國王，但是西元一四一二年瑪格麗特一世病逝、波美拉尼亞的艾瑞克開始親政後，三國團結的關係馬上就出現了裂痕。原因就在於艾瑞克發動的戰爭。

瑪格麗特一世晚年希望可以取得整個日德蘭半島南部，德意志諸侯的君主神聖羅馬皇帝也承認南日德蘭是「丹麥領地」。然而，霍爾斯坦伯爵等領地位於南日德蘭的貴族，卻不願輕易放棄自己的權利，於是艾瑞克與南日德蘭的貴族爆發戰爭。不僅如此，艾瑞克想擺脫漢薩同盟的掌控，主動攻擊漢薩艦隊、向通過松德海峽的所有船隻課稅，導致聯盟同一時期也正與漢薩同盟作戰。

瑞典人受到兩場戰火衝擊、被迫徵稅而憤慨不已，不滿為何要繳稅去打跟自己無關的戰爭。這股怒火引發了西元一四三五年的瑞典暴動，並且波及到挪威。後來暴動平息，丹麥國務院拋棄了艾瑞克，於西元一四三九年廢黜他的王位，同年瑞典國務院也跟進。之後，艾瑞克移居哥特蘭島，過著近似海盜的生活。

由於波美拉尼亞的艾瑞克沒有子嗣，丹麥、瑞典和挪威的國務院便選出其外甥巴伐利亞的克里斯多夫為國王（只有挪威擁立艾瑞克直到西元一四四二年）。克里斯多夫是波美拉尼亞的艾瑞克姊姊卡塔里娜（Katharina von Pommern），與巴伐利亞公爵約翰（Johann von Pfalz-Neumarkt）所生的兒子，也就是德意志人。

西元一四四八年，克里斯多夫英年早逝，沒有留下子嗣，所以丹麥國務院選出北德意志歐登堡伯爵克里斯蒂安一世（Christian 1）擔任國王。克里斯蒂安一世的系譜可以追溯到丹麥國王艾瑞克五世（一二五九～一二八六），是丹麥王位的直系傳人，而其即位條件是要和克里斯多夫的年輕遺孀布蘭登堡的多蘿西亞（Dorothea von Brandenburg）結婚。於是歐登堡（Oldenburg）伯國成為丹麥的王室家族，並以丹麥語的「Oldenborg」為名，開創「歐登堡王朝（Huset Oldenborg）」。這也代表德意志人成了丹麥的國王。

西元一四五〇年，挪威國務院也立克里斯蒂安一世為國王。唯獨瑞典國務院不希望一直由三國以外的人士繼任國王，因而擁護國內的權貴卡爾・克努特松（Karl Knutsson）為瑞典國王。挪威國務院原本也同意擁立卡爾・克努特松（並一度和瑞典成立共主邦聯），但不久後又擁護克里斯蒂安一世。

卡爾・克努特松成了瑞典國王，但因國內有許多權貴的勢力與他不相伯仲，導致他多次被逐出國外。瑞典國務院不得不承認克里斯蒂安一世的王位，立場反覆不定。

西元一四七〇年，卡爾・克努特松去世後，貴族老斯滕・斯圖雷（Sten Sture den äldre）當選為瑞典的國家執政，但是並沒有即位成為國王。

西元一四七一年，失去瑞典王位的克里斯蒂安一世率兵來襲，傾盡全力要征服瑞典，老斯滕・斯圖雷出兵在斯德哥爾摩郊外迎戰，瑞典以壓境的大軍獲得勝利。克里斯蒂安一世最終只能放棄回到瑞典，而老斯滕・斯圖雷則繼續擔任瑞典的實質統治者。

克里斯蒂安一世除了當過丹麥和挪威國王以外，也

當時的日本

1467年開始的應仁之亂，因時任室町幕府將軍足利義政優柔寡斷的作風，導致政局嚴重動盪不安。1477年，戰亂終於平息，但室町幕府的將軍權威也墜入谷底，就此揭開戰國時代的序幕。

在什勒斯維希公爵兼霍爾斯坦伯爵的舅舅阿道夫八世（Adolf VIII）死後，繼承了這兩個爵位。在這兩地擁有領地的貴族都希望克里斯蒂安一世能夠成為共主，因此於西元一四六〇年接受了克里斯蒂安一世提出的「（兩地是）永不分離的一體」條件。西元一四七四年，神聖羅馬皇帝將霍爾斯坦升格為公國，種下了十九世紀兩個公國「什勒斯維希－霍爾斯坦問題」的因子。

西元一四六八年，克里斯蒂安一世的女兒嫁給蘇格蘭國王詹姆斯三世（James III）後，自十一世紀以來都是挪威領土的奧克尼群島和昔得蘭群島（參照50頁地圖），便作為嫁妝成了蘇格蘭的領地。從此以後，兩座群島雖然屬於蘇格蘭，但至今地名仍是沿用自挪威語，旗幟也採用斯堪地那維亞十字（詳情參照244頁），依然保留了挪威時代歷史的濃烈色彩。

聯盟瓦解

克里斯蒂安一世後繼有人，所以不像兩位前任國王有王位繼承問題。西元一四八一年，克里斯蒂安一世去世後，大兒子漢斯（Hans）繼承了丹麥和挪威王位，小兒子弗雷德里克一世（Frederik I）則繼承了兩個公國領地。

漢斯為了實現父親收復瑞典的遺願，與莫斯科大公伊凡三世（Иван III）結盟，從東西夾擊瑞典。瑞典的最高執政者老斯滕・斯圖雷雖然出兵抵抗，但同時捲入瑞典內部的政治鬥爭中，結果在西元一四九七年敗給漢斯率領的軍隊。於是漢斯成為瑞典國王，君臨斯堪地那維亞三國。

不過，漢斯擔任三國共主的時間並不長久，因為老斯滕・斯圖雷又再度當選為瑞典的國家執政。從此以後，漢斯再也沒有成功統治過瑞典。西元一五一三年漢斯去世後，兒子克里斯蒂安二世（Christian II）繼位。克里斯蒂安二世也多次遠征瑞典，於西元一五二〇年掌控瑞典後，將反抗者格殺勿論、迫使瑞典人投降，當時統治瑞典的小斯滕・斯圖雷（Sten Sture den yngre）在戰亂中重傷而亡。

成為瑞典國王的克里斯蒂安二世在斯德哥爾摩舉行宴會，邀請包含投降貴族在內的幾位瑞典權貴。就在宴會途中，武裝士兵逮捕了在場所有賓客，隔天開始審判並陸續處決。這起「斯德哥爾摩慘案」，確定了瑞典將會脫離卡爾馬聯盟的結局。

事件發生前夕，瑞典貴族之子古斯塔夫・瓦薩（Gustav Vasa）曾經號召民眾反抗克里斯蒂安二世，但害怕克里斯蒂安二世的民眾不為所動，古斯塔夫・瓦薩只能黯然離開國家。相傳在這之後就發生了斯德哥爾摩慘案，有兩位民眾沿路滑雪追了九十公里，就為了將這個消息告訴離去的古斯塔夫・瓦薩。

古斯塔夫・瓦薩後來與克里斯蒂安二世的軍隊抗戰兩年半，直到西元一五二三年終於奪得勝利，當選為瑞典國王（古斯塔夫一世），開創「古斯塔夫王朝」。由於瑞典從此獨立，卡爾馬聯盟也因此瓦解。順便一提，瑞典中部的達拉納地區根據這段滑雪追人的軼事，在每年三月的第一個星期日都會舉辦國際越野滑雪大賽「瓦薩滑雪節」。這場紀念古斯塔夫一世功績的盛事始於西元一九二二年，至今仍是瑞典例行的全民運動。

從克里斯蒂安二世靠武力征服瑞典一事，就能看出其為追求權勢之人。他忽略國務院、逕自立法，韓曾因情人遭到毒殺而直接處死有嫌疑的權貴人士，導致與丹麥貴族的對立關係愈發嚴重，而瑞典貴族的慘案也讓丹麥貴族更加不安。瑞典脫離卡爾馬聯盟後，丹麥貴族決定團結一致，於西元一五二三年廢黜克里斯蒂安二世，並擁立其叔叔弗雷德里克一世即位。

克里斯蒂安二世對瑞典和丹麥貴族來說無疑是暴君，但是他從首都哥本哈根開始在各個城市推動修法，深受市民的景仰。據說在他即將流亡國外時，甚至還有不少哥本哈根市民來送行。

芬蘭與冰島

前面談完了丹麥、挪威、瑞典的動向，那麼芬蘭和冰島又是如何呢？

當時屬於瑞典領土的芬蘭，在聯盟成立以前參與了瑞典國王的選任，在導致聯盟瓦解的內戰時期，有力人士還能自主行動。然而在聯盟瓦解後，瑞典國王古斯塔夫一世進軍芬蘭，強化了統治權。

冰島在卡爾馬聯盟成立前，從十三世紀開始就受到挪威國王統治。至西元一三八〇年，奧拉夫・哈康松兼任丹麥和挪威國王後，冰島實質上就改由丹麥統治了。

當時的冰島人並沒有私人船舶，通商只能依賴丹麥國王與漢薩商人，而且還要承擔高額賦稅。因此，不滿的冰島居民決定開放所有國家的船隻來航，讓英格蘭等國的漁船得以入港。於是冰島到格陵蘭之間的海域，便開拓出了新的鱈魚漁場。

流傳至今的北歐文學

談到北歐文學，最具代表性的就是散文體裁的「薩迦」文學。薩迦（saga）的意思是「口述、傳頌」，大多是作者不詳的作品，主要是在十三世紀用冰島語寫成，有數百則故事流傳到現代，依題材可分為「王室薩迦」、「神話薩迦」、「冰島人薩迦」、「古代薩迦」這四類。「冰島人薩迦」講述的是九世紀末到十一世紀上半葉史實人物的故事，栩栩如生地描寫當時的社會生活。此外也有「吟唱詩」和「民謠」等系列作品流傳下來。

而收錄神話或英雄傳說的詩歌集稱作「埃達」，代表作品有《老埃達》（The Elder

Edda）和《新埃達》（The Younger Edda）這兩種。前者寫於九～十三世紀，作者不詳；後者由冰島的一名領袖兼詩人斯諾里・斯蒂德呂松（Snorri Sturluson，約一一七九～一二四一）所著，這本也是知名的詩歌寫作入門書《散文埃達》（The Prose Edda）。因為有這些作品傳承下來，我們才能認識北歐的神話和英雄傳奇。

在冰島，博學多聞的豪族會扮演學校的角色。權貴家庭的子弟都會在那裡學習基督教的知識和教養，長大後成為島嶼的領袖。而貧窮家庭的子弟則是以僕人的身分工作學習，長大後成為低階神職人員。

島上的教育機關體系，是隨著基督教的普及才逐漸建置完成。大約在十世紀以後，北歐的教育機構主要都是修道院附屬的學校，或是大教堂附屬的神職人員培訓學校。北歐最古老的烏普薩拉大學，就是始於西元一四七七年創立的神職人員學校。到了西元一四七九年，克里斯蒂安一世才創立哥本哈根大學。

現在視為文化遺產的建築，也都是興建於這個時代。北歐於十二世紀到十三世紀建造的代表建築之一，就是位於哥本哈根近郊的最古老磚造教堂「羅斯基勒主教座堂」，這裡也是歷任丹麥國王的陵寢。

在挪威中部則有「烏爾內斯木板教堂」。其建築樣式應用了維京人的造船技術，教堂牆壁使用垂直排列的木板砌成，因此稱作木板教堂。現已登錄為聯合國世界文化遺產。

瑞典第一位聖女

聖彼濟達

Heliga Birgitta

（1303～1373）

至今仍廣受國民尊崇的聖女

基督宗教中的天主教，會在模範信徒或是對傳教有重大貢獻的人去世後，將之封為「聖人」或「聖女」（封聖）。西元1391年，彼濟達成為瑞典首位封聖的女性，是歐洲6位主保聖人之一。

彼濟達出生於烏普蘭的名門世家，14歲就結婚，並育有8名子女。丈夫死後，她因從事慈善活動而聞名，之後移居羅馬，等待教宗從法國亞維農回歸，最終獲得教宗認可，在瑞典創立修道院。

彼濟達在羅馬去世後，由女兒凱薩琳（Katarina）擔任位於瑞典南部瓦斯泰納的彼濟達修道院首任院長。彼濟達死前，曾在幻覺中見到聖母瑪麗亞和耶穌基督出生的情景並記錄下來，這些紀錄也影響了後世的基督宗教畫作。

chapter 4

爭奪波羅的海霸權

波及北歐的宗教改革

十六世紀卡爾馬聯盟瓦解時，德意志發生了撼動整個歐洲的大事。當時西歐的基督教是天主教會，而德意志神學家馬丁・路德（Martin Luther）出面批判了天主教會的作風。批判教會的並非路德一人，但其思想影響了整個北歐。他強調上帝的啟示並不是來自羅馬教宗，而是《聖經》。

西元一五一七年，路德在德意志的威登堡一座教會門口貼上《九十五條論綱》，公然質疑教廷。之後，羅馬教宗開除路德的教籍。支持路德的勢力（路德派）將天主教稱為舊教，並將天主教的抗議者（protestatio）稱作新教徒。於是，德意志的新教徒與天主教的神聖羅馬皇帝形成對立。

當時的北歐神學生幾乎都在威登堡讀書，他們回國後便開始宣揚路德派思想。與此同時，瑞典和丹麥王室有鑑於新教思想得以讓國家政經脫離天主教會的影響，正推新新教以強化君權。在這般情勢下，宗教改革得以於北歐持續推進。

瑞典的宗教改革

西元一五二三年，瑞典脫離卡爾馬聯盟。由於瑞典過去在政治經濟上都附屬於丹麥，當務之急是建立國家的統治機構，因此時任瑞典國王的古斯塔夫一世便建構官僚制度，並創立募兵制軍隊。當然，這些措施都需要龐大的資金，先前與丹麥的戰爭經費又以貸款支付，瑞典王室只好不斷增加稅金來彌補。

儘管如此，古斯卡夫一世依然深陷財政困境，於是把腦筋動到教會的資產上，教會卻煽動農民發起暴動來抵抗。就在此時，出現了一名主張「教會財產應由國王支配」的神職人員，名叫奧勞斯・彼得里（Olaus Petri）。奧勞斯是在威登堡讀書的路德派人士，著名事蹟包括翻譯瑞典語版的《新約聖經》。古斯塔夫一世認為可以好好利用奧勞斯，便決定庇護遭到教會開除的他。

西元一五二七年，古斯塔夫一世召開身分制議會，議會中各個身分的代表者齊聚一堂。席間，古斯塔夫一世要求教會交出財產，但教會以「需要羅馬教宗許可」為由拒絕。因此，古斯塔夫一世宣布「既然瑞典人無權自主管理瑞典的財產，那我也沒有必要當國王」，就此退席。

留下的代表者經過一番討論後，人民和農民代表說服了反對的神職人員與貴族代表，將古斯塔夫一世帶回議會。會中決定由國王收回瑞典的教會領地。不僅如此，繳納給羅馬教宗的錢、神職人員的審判權、高階神職人員的任免權，也都由國王掌握。這代表國王成為瑞典教會實質上的最高管理者。

於是，國王任命的神職人員占盡了瑞典教會的要職。西元一五三六年，瑞典教會宣布加入路德派，與天主教決裂。

古斯塔夫一世征服的芬蘭，也和瑞典一樣擺脫了天主教的影響。不僅《新約聖經》等著作有了芬蘭語譯本，芬蘭原本只有奧布（芬蘭語譯作土庫）一個總教區，至西元一五五五年也分成了奧布和維堡（現為俄羅斯西部城市）兩個總教區。

伯爵戰爭與丹麥的宗教改革

丹麥與瑞典在同一時期開始宗教改革，契機就是在威登堡讀書的路德派神學家漢斯・道森（Hans Tausen）學成歸國。

當時的日本

1549年，北歐從舊教改成新教的時期，基督宗教也傳到了日本。當時到日本傳教的是天主教傳教士聖方濟・沙勿略（San Francisco Xavier）。之後，江戶幕府頒布禁教令，直到幕末放寬限制以前，基督教在日本都受到嚴厲的取締。

當時的丹麥國王弗雷德里克一世（參照93頁）邀請道森到哥本哈根，並允許他傳教後，民間頓時增加了許多路德派信徒。弗雷德里克一世是貴族和天主教會擁立的國王，所以幫忙恢復了他們在前任國王克里斯蒂安二世統治時失去的特權，但他內心支持的卻是路德派。國王不僅庇護道森，還迫使教會從此將原本繳納給羅馬教宗的稅金轉交給自己。

西元一五三三年，弗雷德里克一世去世後，按規定應由長子克里斯蒂安三世（Christian III）繼位。然而，克里斯蒂安三世是非常虔誠的路德派信徒，令天主教派占多數的國務院左右為難，導致王位空缺。於是，天主教派的人馬向漢薩同盟的首府呂北克尋求協助，想趁機讓當時正在獄中的克里斯蒂安二世復位。漢薩同盟考慮到自身的利益，決定派軍協助作戰。

隔年的西元一五三四年，北德意志的歐登堡伯爵克里斯多夫（Christoffer），在漢薩同盟的援助下率軍進攻丹麥王國。這場丹麥內戰即稱作「伯爵戰爭」。要讓克里斯蒂安二世復位的歐登堡伯爵軍獲得丹麥天主教派的支持，登陸斯堪尼和西蘭島，占領範圍直達小貝爾特海峽（參照17頁地圖）。日德蘭半島的路德派貴族眼見情勢緊迫，便擁立弗雷德里克一世的長子克里斯蒂安三世即位。

克里斯蒂安三世展開反擊，同時向瑞典國王古斯塔夫一世求援。古斯塔夫一世認為這是天賜良機，可以削弱漢薩同盟在瑞典的特權，於是答應出兵。

內戰的情勢在瑞典軍的援助下逆轉，克里斯多夫伯爵於西元一五三六年投降，克里斯蒂安三世收復所有領土。戰後，國內召開排除天主教神職人員的身分制議會，承認克里斯蒂安三世為正式的國王。在克里斯蒂安三世的治理下，丹麥開始實行宗教改革，於西元一五三七年制定《教會法》，確定國內的天主教會領地皆歸國王所有，並且不再使用過去的拉丁語，而是暫時改用德語和丹麥語傳教。克里斯蒂安三世作為教會之首，推動了丹麥的宗教改革。

與此同時，長年掌控波羅的海商業區的漢薩同盟逐漸沒落，荷蘭的商船開始進駐波羅的海。

挪威・冰島的宗教改革

卡爾馬聯盟在瑞典脫離後瓦解，挪威雖然形式上從屬於丹麥，但仍繼續和丹麥保持聯盟關係。然而，西元一五三六年丹麥通過克里斯蒂安三世即位憲章，其中卻表明要將挪威作為丹麥的一省，並廢除先前在伯爵戰爭中擁立克里斯蒂安二世為王的挪威王國國務院。對此，與漢薩同盟合作、在北部坐擁廣大領地的尼達洛斯總主教恩格布雷克特松（Olav Engelbrektsson），便呼籲挪威農民群起反抗，但起義失敗後，他便逃亡到國外。

西元一五三九年，挪威也成立了《教會法》，使幾乎沒有路德派人馬的挪威受到丹麥強力介入、實行宗教改革。挪威相當於農地三分之一面積的教會領地，也都成為丹麥國王的財產。自此，挪威對外的立場不再是獨立國家。不過挪威依然擁有獨立的行政體系，並非完全隸屬於丹麥。

和法羅群島一起受到卡爾馬聯盟共主統治的冰島，在尼達洛斯總教區裡有斯考爾霍特和侯拉爾這兩個教區。在丹麥的宗教改革下，冰島於西元一五三八年召開全體議會、拒絕接受丹麥的《教會法》。雖然兩個教區都頑強抵抗，但一方的主教被逮捕並押送到丹麥，另一方的主教父子則是被捕並處死，最後議會只能承認新教的《教會法》在冰島生效，比丹麥晚了十五年開始宗教改革，教會領地也沒收成為丹麥國王所有。

宗教改革和國語

宗教改革也大幅影響了思想以外的層面，北歐各國的語言就是透過翻譯《聖經》而發展。

丹麥語的《新約聖經》於西元一五二四年出版，包含《舊約聖經》的全譯本於西元一五五〇年出版；瑞典語的《新約聖經》則於西元一五二六年出版，包含《舊約聖經》的全譯本於西元一五四〇年出版。北歐各國根據這些版本，建立了各自的標準方言。加上教會要求路德派信徒閱讀《聖經》，平民的識字率也逐漸提升。同時，國民因為使用相同的語言，而逐漸形成「國民意識」。

在芬蘭，是由路德派牧師阿格里科拉（Mikael Agricola）將《聖經》翻譯成芬蘭語，並於西元一五四八年出版《新約聖經》的芬蘭語譯本。與此同時，阿格里科拉還出版了芬蘭書面語的指南書《字母讀本》（ABC kiria），推廣了芬蘭語系民族最早的統一書面語。阿格里科拉因貢獻深遠，而有「芬蘭語文學之父」的美譽。西元一五五七年阿格里科拉去世後，《聖經》的翻譯工作仍持續進行，但在戰爭期間一度中斷很久，直到西元一六四二年才出版全譯本。

挪威雖有古挪威書面語用於撰寫法典，但因為黑死病大流行，許多負責照顧病患的神職人員病逝，導致精通書面語的人愈來愈少。西元一三九七年，卡爾馬聯盟成立，政府官員幾乎都換成丹麥人，文書用的官方語言變成丹麥語，使挪威書面語逐漸沒落。此外，丹麥和路德派教會決定使用丹麥語版的《聖經》來傳教，也導致挪威語遲遲無法發展成為國語。

另一方面，同樣受丹麥統治的冰島，卻有冰島語版《聖經》。最早的冰島語《新約聖經》，是西元一五四〇年由住在丹麥的冰島人奧杜爾（Oddur Gottskálksson）

出版，並於西元一五八八年出版了冰島語全譯本。冰島人的識字率本來就很高，而且丹麥語和冰島語的系統差異甚大，因此才能夠獨立出版冰島語版的《聖經》。

波羅的海的紛爭

西元一五六〇年，瑞典國王古斯塔夫一世逝世，艾瑞克十四世（Erik XIV）繼位。艾瑞克十四世年輕氣盛、野心勃勃，積極對外拓展勢力，因而與瑞典周邊各國衝突不斷。

同一時期，俄羅斯（莫斯科大公國）的伊凡四世（Иван IV，綽號雷帝）企圖往西擴張領土，於是對當時位於波羅的海旁、屬於條頓騎士團領土的利伏尼亞（現今的拉脫維亞和愛沙尼亞）施壓，條頓騎士團因此向瑞典和波蘭求助。西元一五六一年，艾瑞克即位翌年便占領了利伏尼亞北部（瑞典領土愛沙尼亞），利伏尼亞南部

瑞典王室（16世紀上半葉～17世紀上半葉）

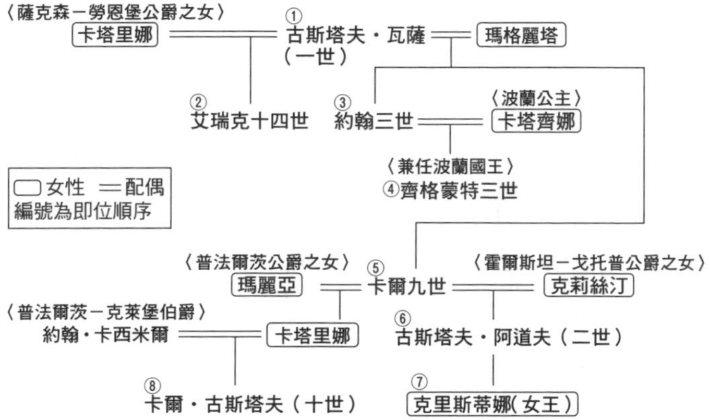

則由波蘭和立陶宛大公國統治。從此以後，瑞典和波蘭便開始在波羅的海東岸爭霸。

西元一五六二年，與俄羅斯關係緊張的瑞典封鎖芬蘭灣並與俄羅斯開戰；波蘭則與海灣被封而無法通商的漢薩同盟、丹麥聯手對抗瑞典。當時的丹麥國王弗雷德里克二世（Frederik II）希望重建卡爾馬聯盟，因此十分戒備進軍波羅的海東岸的瑞典。

西元一五六三年，瑞典與丹麥開戰，史稱第一次北方戰爭。丹麥軍在陸戰取得優勢，瑞典軍則在海戰占上風，但兩邊都沒出現決勝的關鍵。隨著戰期拉長，雙方國土都逐漸荒廢，經濟持續惡化。艾瑞克十四世的兩個弟弟、芬蘭公爵約翰三世（Johan III）和卡爾九世（Karl IX）無法忽視國內的慘狀，便與貴族合作，於西元一五六八年廢黜艾瑞克十四世，將他關進大牢。翌年，約翰三世登上王位。

同一時期的丹麥，弗雷德里克二世失去了貴族和人民的支持，立場岌岌可危，開始設法結束戰爭、尋求和平。西元一五七〇年兩國和談、戰爭結束，但雙方都損失慘重，痛恨敵國的情緒深植心中。魯莽開戰的國王失去權威，促成貴族崛起。

在第一次北方戰爭期間，瑞典也和俄羅斯反覆發生爭鬥（利伏尼亞戰爭），直到西元一五八三年才終於和談。根據和約內容，瑞典獲得了納爾瓦（現為愛沙尼亞東部城市）及芬蘭灣沿岸。西元一五九〇年，瑞典再度與俄羅斯開戰，談判後奪回被強占的愛沙尼亞，阻止俄羅斯進入波羅的海。

對波蘭方面，約翰三世迎娶波蘭公主卡塔齊娜・雅蓋隆卡為妻，雙方和解。兩人的兒子西吉斯蒙德（Sigismund，波蘭語為Zygmunt）於西元一五八七年成為波蘭國王、西元一五九二年成為瑞典國王。然而，西吉斯蒙德篤信天主教，因此叔叔卡爾九世趁機逼他退位、自行掌握實權，並於西元一六〇四年即位。

失去瑞典王位的波蘭國王西吉斯蒙德，直到晚年都不承認自己遭到廢黜，因此瑞典和波蘭一直為了爭奪利伏尼亞和愛沙尼亞而爭戰不休。雙方的戰爭甚至延燒到正在內戰的俄羅斯，因為他們都策劃要讓自己的兒子當上俄羅斯沙皇。這段期間，弗雷德里克二世於西元一五八八年去世，成為丹麥國王的克里斯蒂安四世（Christian IV）於西元一六一一年向瑞典宣戰。由於主要戰場位於卡爾馬，稱作卡爾馬戰爭。

瑞典正對抗丹麥、俄羅斯、波蘭的期間，卡爾九世去世。西元一六一一年後開始由古斯塔夫・阿道夫（Gustav II Adolf）即位統治，是為古斯塔夫二世。

才華洋溢的二名年輕君主

古斯塔夫二世年僅十六歲便繼承王位，相傳他聰明過人、精通多國語言，除了母語以外還會說十種以上的語言。受到前代國王卡爾九世青睞的貴族宰相烏克森謝納（Axel Gustafsson Oxenstierna），是古斯塔夫二世身邊最大的支柱，在古斯塔夫二世率兵轉戰各國時，他便負責留守國內、妥善處理政務。古斯塔夫二世和烏克森謝納聯手，逐漸將瑞典打造成一大強國。

其後，古斯塔夫二世和父親一樣致力於強化君權，整建官僚制度和強化常備軍，持續推動中央集權化。西元一六一七年，在烏克森謝納的努力下，瑞典確立了身分制議會，還訂立了第一部《議會法》。

外交方面，瑞典於西元一六一三年與丹麥、西元一六一七年與俄羅斯和談，結束戰爭，只剩與波蘭之間遲遲未有結果。後來古斯塔夫二世為了介入德意志的三十年戰爭（後述），與波蘭休戰，深入參與三十年戰爭並遠征各個戰場。

丹麥－挪威國王克里斯蒂安四世年僅十一歲就繼承王位，也是個才華出眾的人。他十九歲開始親政，立志要讓丹麥成為歐洲的一流國家，十分熱衷於政治。

他的其中一項政策，就是活化商業、致力整建各地的城市和港口。他從首都哥本哈根的羅森堡城堡開始，陸續興建了學院、證券交易所等建築，許多都留存至今。位於哥本哈根北海岸、由弗雷德里克二世興建的克隆堡在失火燒燬後，也是由克里斯蒂安四世大力重建。克隆堡即為英國劇作家莎士比亞的作品《哈姆雷特》裡出現的城堡原型，已登錄為聯合國世界文化遺產。

不僅如此，克里斯蒂安四世也為現在的挪威首都奧斯陸奠定了發展基礎。西元一六二四年奧斯陸遭到大火摧毀，克里斯蒂安四世下令重建，城市規模才得以擴大，因此這裡直到西元一九二四年都以國王的名字稱作「克里斯蒂安尼亞」。

然而，克里斯蒂安四世致力發展商業的同時，也讓冰島大受打擊。因為他賦予丹麥特定商人貿易獨占權，使冰島的貿易受到限制，並且一直持續到西元一七八七年。此外，他還設立東印度公司，為擴大本國商人的商業範圍而前進印度，企圖開拓亞洲市場，甚至派遣探險隊前往格陵蘭，不過都沒有取得成功。

三十年戰爭與北歐各國

北歐各國在國王的主導下，人民逐漸改宗路德派（新教）；但是在德意志神聖羅馬帝國，舊教與新教勢力之間的鬥爭仍然十分激烈，最終發展成戰爭。這場從西元一六一八年延續到西元一六四八年的三十年戰爭，丹麥和瑞典也無法置身事外。

開戰七年後的西元一六二五年，處於劣勢的新教勢力向克里斯蒂安四世和古斯塔夫二世求援。國務院唯恐國外的大規模戰爭拖累國家而表示反對，但克里斯蒂安四世渴望讓丹麥成為一流國家，因此接受國教為新教的英國和荷蘭支援，出兵遠征北德意志。然而翌年，丹麥軍便敗給舊教派的神聖羅馬帝國軍，反而讓帝國軍有機會逼近日德蘭半島。

瑞典出面幫助丹麥化解危機，但是丹麥軍又再度敗北，因此克里斯蒂安四世於西元一六二九年與舊教勢力和談，條件是丹麥從此再也不插手德意志的戰爭。

西元一六三〇年，瑞典在法國的支援下參戰。因為在戰爭中占上風的舊教勢力擴大對波羅的海及瑞典的影響力，激發了古斯塔夫二世的危機意識。

古斯塔夫二世率領的瑞典軍迅猛地攻進德意志，卻於西元一六三二年在德意志的呂岑戰死。新女王克里斯蒂娜（Drottning Kristina）即位，但她當時年僅六歲，因此是由以烏克森謝納為中心的重臣執政。

新教勢力失去古斯塔夫二世這個精神支柱後，戰況開始落於下風。於是西元一六三五年，德意志的新教勢力與舊教勢力簽署和約，導致瑞典在戰場上孤立。然而，在克里斯蒂娜女王巧妙的外交斡旋下，原本只是為瑞典提供經濟援助的舊教派法國，答應加入瑞典陣營參戰。這個發展導致西元一六三五年簽署的和約失效，戰爭走向全新的局面。有法國助陣的瑞典，在與舊教勢力的戰爭中逐漸占上風。

瑞典在德意志擴張勢力的同時，已脫離三十年戰爭的丹麥卻開始靠攏德意志的舊教勢力，提高松德海峽的通行稅，導致丹麥和瑞典之間的情勢變得緊張。而丹麥之所以牽制瑞典，是為了重建先前因戰敗而低落的國力，並增加國庫的財源。

西元一六四三年，瑞典將軍托爾斯騰森（Lennart Torstenson）率領瑞典與尼德蘭（荷蘭）聯軍進攻日德蘭半島。因為當時通過松德海峽的船舶有六成以上都是荷蘭所有，丹麥提高通行稅的政策重創了荷蘭經濟，促使荷蘭參戰。

16世紀下半葉～18世紀末的北歐戰爭

第一次北方戰爭 →
（1563～1570年）
瑞典 VS 丹麥

卡爾馬戰爭
（1611～1613年）
瑞典 VS 丹麥

三十年戰爭（1618～1648年）

丹麥 VS 神聖羅馬帝國
（1625～1629年）

瑞典 VS 神聖羅馬帝國
（1630～1635年）

法瑞聯軍之役
（1635～1648年）
瑞典・法國 VS 神聖羅馬帝國

卡爾・古斯塔夫戰爭
（1657～1660年）
瑞典 VS 丹麥

斯堪尼戰爭
（1675～1679年）
瑞典 VS 丹麥

大北方戰爭
（1700～1721年）
瑞典 VS 俄羅斯、波蘭、丹麥

托爾斯騰森戰爭
（1643～1645年）
瑞典・尼德蘭（荷蘭） VS 丹麥・神聖羅馬帝國

禮帽派對俄戰爭 →
（1741～1743年）
瑞典 VS 俄羅斯

俄瑞戰爭
（1788～1790年）
瑞典 VS 俄羅斯

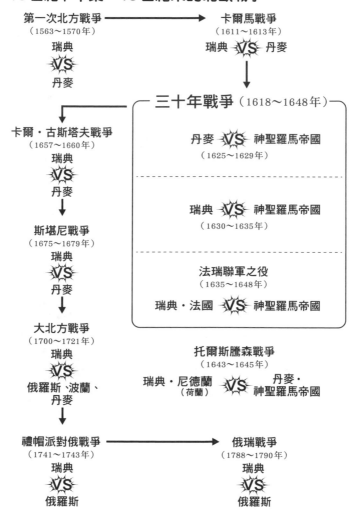

在這場戰爭中，克里斯蒂安四世搭乘軍艦作戰，敵方的砲彈擊中他所在的甲板附近，破碎的木板爆開，眾人都以為國王必死無疑。然而沒多久，克里斯蒂安四世卻在主桅旁挺身站了起來，單眼失明、耳朵失聰，卻依然在軍艦上指揮士兵。儘管丹麥在此戰敗，但克里斯蒂安四世的英姿令丹麥人民印象深刻。現在的丹麥國歌有兩首，其中一首就是《國王克里斯蒂安站在高聳桅杆旁》。

西元一六四五年，兩國簽訂《布勒姆瑟布魯條約》。丹麥－挪威聯合王國將包含哥特蘭島

的挪威兩個地區割讓給瑞典，且瑞典船隻得以免除松德海峽的通行稅。丹麥因此徹底失去波羅的海的霸權，由瑞典取而代之。

西元一六四八年克里斯蒂安四世逝世，各國簽署《西發里亞和約》，三十年戰爭終於結束。屬於戰勝國的瑞典除了原有的瑞典本國、芬蘭、愛沙尼亞、利伏尼亞以外，還獲得了波羅的海南岸的佛波門、維斯馬城和布萊梅－費爾登兩個主教區。

瑞典帝國

克里斯蒂娜登上瑞典王位後，負責執政的烏克森謝納為了避免國內情勢因女王年幼而動盪，於西元一六三四年制定了《政府組織法》，規範國家機關及其運作方式，為後來的《瑞典憲法》雛型。

克里斯蒂娜女王在成長過程中十分好學又熱愛藝術，但是開始親政就疏遠了意見不合的烏克森謝納等舊臣，將領地分封給自己欣賞的貴族，行政隨興又浪費公帑。不僅如此，她還拋棄了路德派信仰，成為天主教徒。由於瑞典法律規定國王不得信仰天主教，因此克里斯蒂娜女王於西元一六五四年退位、移居羅馬，從此再也不曾返回祖國。同年，對瑞典的進步貢獻深遠的烏克森謝納逝世。

後續繼承瑞典王位的是克里斯蒂娜女王的表哥、德意志普法爾茨家族的卡爾・古斯塔夫（Karl X Gustav），是為卡爾十世，開創了「普法爾茨－茨魏布呂肯王朝」。

卡爾十世在位期間，瑞典幾乎同時與波蘭和丹麥作戰，但都獲得了勝利，於西元一六六〇年取得新領土。從此直到十八世紀初就是瑞典的全盛時期，形成了幾乎包圍波羅的海的疆域，因此二十世紀以後的歷史學家將這個時期的瑞典統治範圍稱作「瑞典帝國」。瑞典的國家型態屬於「複合國家」，以瑞典王國為本國，四周附屬了保有當地貴族特權和統治地位的新領地。

瑞典帝國的疆域

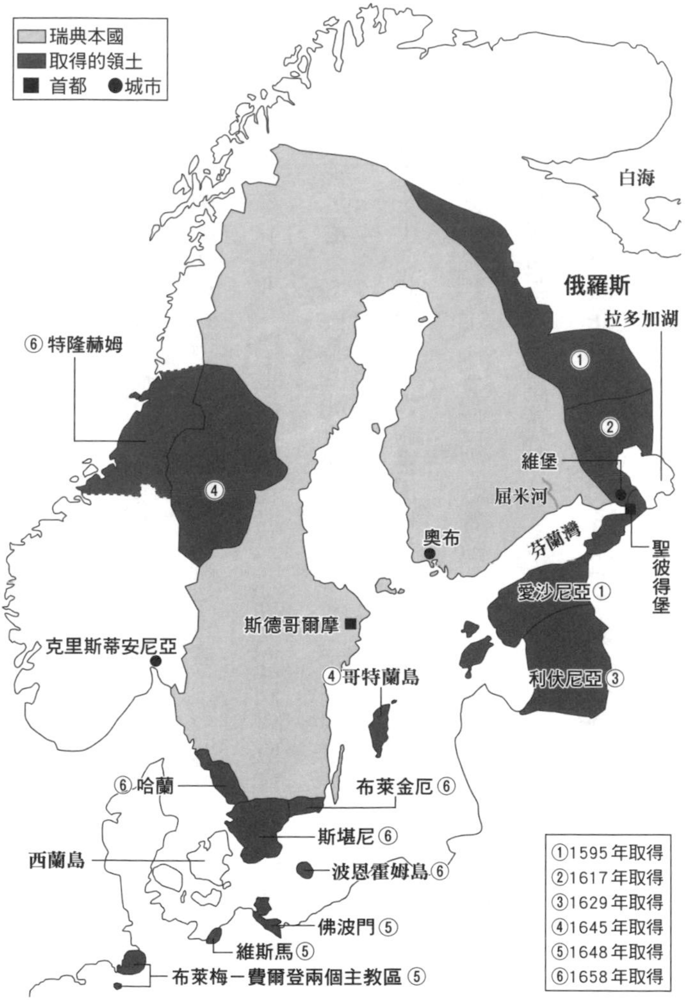

瑞典本國
取得的領土
首都
城市
白海
俄羅斯
拉多加湖
⑥特隆赫姆
①
②
維堡
屈米河
④
奧布
芬蘭灣
聖彼得堡
愛沙尼亞①
斯德哥爾摩
克里斯蒂安尼亞
④哥特蘭島
利伏尼亞③
⑥哈蘭
布萊金厄⑥
斯堪尼⑥
西蘭島
波恩霍姆島⑥
佛波門⑤
維斯馬⑤
布萊梅－費爾登兩個主教區⑤
①1595年取得
②1617年取得
③1629年取得
④1645年取得
⑤1648年取得
⑥1658年取得

西元一六六〇年，在位僅六年多的卡爾十世逝世，由卡爾十一世（Karl XI）即位。這段時期有三分之二的國土屬於大貴族，由貴族執掌政治，國王的權力低落。然而，瑞典參與多次戰爭而耗盡國庫，不得已尋求與周邊國家爭戰不休的法國支援，迫使與丹麥交戰。在這般情勢下，國民愈發厭惡貴族，轉而對國王寄予厚望。

西元一六八〇年，卡爾十一世認為時機成熟，於是在身分制議會的協助下開始排斥貴族干政，並於西元一六八二年實施收回王地政策，將一半以上的貴族領地收歸國王所有。卡爾十一世藉此取得強大的君權和財政基礎後，在瑞典開啟了絕對君主制。他為了復興國家，於西元一六九一年憑著強大的軍事實力，宣布瑞典保持武裝中立，在歐洲大陸的大同盟戰爭中採取中立立場。

而在瑞典勢力增強背後，芬蘭付出了莫大犧牲。芬蘭的年輕人都被動員參加瑞典的戰爭，加上西元一六九五年開始的飢荒和瘟疫，導致芬蘭失去三分之二的人口。

丹麥確立絕對君主制

在克里斯蒂安四世後，弗雷德里克三世（Frederik III）於西元一六四八年繼承丹麥－挪威王位。不久後，瑞典國王卡爾十世與波蘭爆發戰爭。弗雷德里克三世認為這是奪回哥特蘭島等失土的好機會，於西元一六五七年進攻瑞典。這就是第一次的卡爾．古斯塔夫戰爭。

卡爾十世率領瑞典軍撤出波蘭，從日德蘭半島橫渡冬季冰封的海峽進軍哥本哈根，迫使弗雷德里克三世提議和談。西元一六五八年，雙方簽訂《羅斯基勒條約》，丹麥必須割讓斯堪尼、哈蘭（一六四五年開始生效）、布萊金厄，以及波恩霍姆島、挪威中部的特隆赫姆。

同年，卡爾十世為了奪得整個丹麥而進攻西蘭島，這就是第二次的卡爾．古斯塔

丹麥王室
（16世紀中葉～18世紀中葉）

①克里斯蒂安三世（1534～1559年）
｜
②弗雷德里克二世（1559～1588年）
｜
③克里斯蒂安四世（1588～1648年）
｜
④弗雷德里克三世（1648～1670年）
｜
⑤克里斯蒂安五世（1670～1699年）
｜
⑥弗雷德里克四世（1699～1730年）
｜
⑦克里斯蒂安六世（1730～1746年）
｜
⑧弗雷德里克五世（1746～1766年）

所有國王皆兼任挪威國王

編號為即位順序　（　）為在位期間

夫戰爭。弗雷德里克三世發誓「我只會死在自己家園」，展現出抗戰到底的決心，贏得哥本哈根全民的支持，一同挺身反抗瑞典軍的攻勢。波恩霍姆島的農民揭竿起義，奮勇趕走瑞典軍。

在此期間，卡爾十世於西元一六六〇年猝逝，雙方和談並結束了戰爭。丹麥－挪威王國奪回波恩霍姆島和特隆赫姆，但沒能取回斯堪地那維亞半島南部的斯堪尼地區（斯堪尼、布萊金厄、哈蘭）。之後，斯堪尼地區的貴族保在當地獨有的特權，逐漸接受自己是瑞典的一部分，同時在法律和教育等方面也都逐漸瑞典化。丹麥為了奪回斯堪尼地區，後續又再度發動戰爭，但依然失敗，該地至今仍是瑞典領土。

此外，荷蘭為了避免需要繳納通行稅的松德海峽成為單一國家的內海，兩度參與了瑞典與丹麥之間的卡爾・古斯塔夫戰爭。

接二連三的戰爭和敗北，使丹麥陷入經濟危機。西元一六六〇年弗雷德里克三世召開身分制議會，商討是否要向首都以外擁有領地的貴族等特權階級課稅。這時，人民代表提議將王位繼承從選舉制改為世襲制。原因除了反對掌握權力的特權階級之外，也是因為民眾在先前的戰爭中與國王產生共鳴，期望國王可以改變政治。

王國國務院經過嚴謹地討論後，決定採取男女皆有繼承權的王位世襲制。這在丹麥史上堪稱「政變」的事件，為丹麥建立了絕對君主制。過去限制歷任丹麥國王的《即位憲章》和王國國務院都遭廢除，不再召開身分制議會，取而代之的是設立財政廳和國務廳等中央官署，整建官僚制度。

西元一六六一年，明定國王擁有絕對君權的《絕對世襲政府公文》公布，並發送到挪威、冰島、法羅群島等地。西元一六六五年，丹麥正式成立全球罕見的《王位法》，透過法律規定絕對君主制。此外，地方行政改為郡制，還進行了稅制改革與度量衡統一。克里斯蒂安五世（Christian V）繼承王位後，於西元一六八三年制定《丹麥法》，在丹麥王國內實施統一的法律，建置中央集權制。

絕對君主制也使丹麥與挪威的關係產生變化。挪威在絕對君主國王的統治下，獲得與丹麥同等的地位，因而喻為「兄弟之邦」。西元一六八七年制定《挪威法》後，中央集權化又更進一步。

瑞典的全盛時期結束

瑞典領土不斷擴張之下，周邊各國開始紛紛提防。丹麥、波蘭、薩克森、俄羅斯甚至組成反瑞典同盟，於西元一七〇〇年一月與瑞典爆發戰爭，史稱大北方戰爭。

時任瑞典國王的卡爾十二世（Karl XII）親自率軍轉戰各地。他先是戰勝丹麥，接著又擊敗波蘭軍，同年十一月重創彼得大帝（Пётр Первый）率領的俄羅斯軍，一夫當關、萬夫莫敵。然而，西元一七〇七年瑞典軍遠征俄羅斯的途中，雖攻抵現今的烏克蘭中部，卻於波爾塔瓦大敗。卡爾十二世逃至鄂圖曼帝國，戰況徹底扭轉。其後，彼得大帝企圖進軍波羅的海，在沿岸建設港都聖彼得堡。西元一七一二年，聖彼得堡便成為了俄羅斯的首都。

眼見瑞典戰敗，反瑞典同盟隨即一舉進攻，連普魯士和漢諾威王國也參戰。瑞典無力對抗如此龐大的勢力，不只是波羅的海南岸的領土，連整個芬蘭都遭到俄羅斯占領。西元一七一六年，瑞典本國以外的所有領土都遭到瓜分。

卡爾十二世離開鄂圖曼帝國後，開始與俄羅斯和談，卻在期間出兵遠征挪威時身中流彈而亡。卡爾十二世畢生戰爭不休，是彼得大帝最著名的宿敵。雖然擁有傑出的軍事指揮能力，但也與太多國家為敵，導致瑞典落敗。

卡爾十二世享年三十六歲，終生未婚，所以生前就已經討論過後繼者問題。候選人有卡爾十二世的外甥霍爾斯坦－戈托普公爵卡爾・腓特烈（Karl Friedrich）、卡爾十二世的妹妹烏爾麗卡・埃莉諾拉（Ulrika Eleonora），以及她的丈夫黑森－卡塞爾伯爵腓特烈（Friedrich）。

從利害關係來看，支持卡爾・腓特烈的霍爾斯坦派親俄羅斯，支持烏爾麗卡・埃莉諾拉和腓特烈的黑森派則是親西歐。卡爾十二世戰死後，黑森派掌握了國內的實權，於是西元一七一九年由烏爾麗卡・埃莉諾拉即位成為女王。烏爾麗卡女王希望與丈夫腓特烈一同成為瑞典君主，但未能成功，翌年即讓位給丈夫。腓特烈成為新任瑞典國王弗雷德里克一世（Fredrik I）後，順利與丹麥和波蘭和談，但是與俄羅斯的戰爭一直處於劣勢。

瑞典王室（17世紀中葉～18世紀中葉）

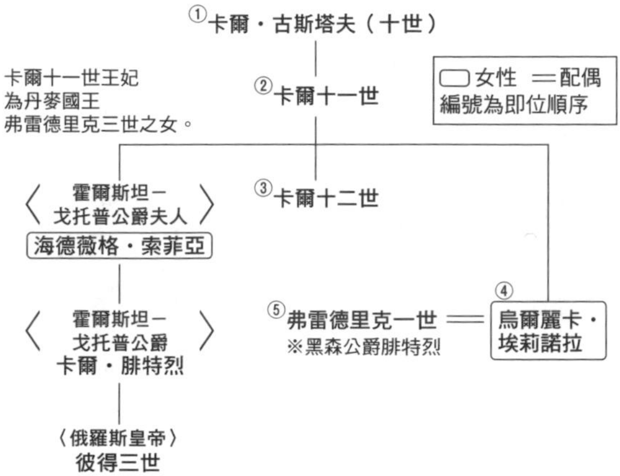

西元一七二一年，弗雷德里克一世好不容易與俄羅斯和談，簽訂《尼斯塔德和約》，大北方戰爭卻以瑞典戰敗收場。瑞典雖然取回了波羅的海南岸的佛波門西半部、維斯馬城和芬蘭，卻失去了愛沙尼亞、利伏尼亞等波羅地海地區的領土。

瑞典帝國就此瓦解，瑞典的全盛時期結束，俄羅斯和普魯士的勢力逐漸延伸到波羅的海周邊。

便帽派與禮帽派

卡爾十二世在大北方戰爭時身在國外，卻依然能指揮瑞典本國政府。不過在他逃到鄂圖曼帝國、音訊全無時，以阿維德・霍恩伯爵（Arvid Bernhard Horn）為首的貴族出面取代國王領導政府、統率國內政務，實權逐漸從國王轉移到貴族手上。

西元一七一九年卡爾十二世逝世，瑞典制定《新政體法》，嚴格限制君權，在身分制議會中建立貴族集權的新體制。絕對君主制的時代就此告終，瑞典迎向「自由時代」。這裡所謂的「自由」，意思是參與政治的貴族脫離君權的影響、獲得自由的意思。烏爾麗卡・埃莉諾拉之所以退位，主要就是因為不滿《新政體法》。

在自由時代，王國國務院握有行政權，國王只是其中的一份子。以貴族階級議會為中心的身分制會議，擁有立法權及其他許多權限。

在霍恩領導的新體制下，瑞典政府著重於和俄羅斯等周邊各國維持友好關係，重振因戰爭而衰退的經濟。但是西元一七三〇年，希望可以重返瑞典帝國榮耀、主張向俄羅斯復仇的親法鷹派人馬崛起，並將鴿派的霍恩人馬稱作「便帽派」。便帽是指就寢時所戴的睡帽，藉此嘲諷這個對俄羅斯卑躬屈膝的勢力是膽小鬼。另一方面，鷹派人馬則是用白天配戴的帽子與便帽做對比，自稱為「禮帽派」。

西元一七三八年，禮帽派奪得政權後，於西元一七四一年向俄羅斯宣戰。瑞典稱之為「禮帽派對俄戰爭」。這場發生在芬蘭的戰爭中，俄羅斯始終占據優勢，最後俄軍占領了整個芬蘭。時任俄羅斯女皇的伊莉莎白（Елизаве́та I Петро́вна）原本計劃讓芬蘭獨立，但因為瑞典答應讓她的「血親」繼承瑞典王位，因而取消計畫。

西元一七四三年，雙方簽訂《奧布和約》，瑞典以屈米河（參照141頁地圖）為界線，將芬蘭東南部割讓給俄羅斯。考量聖彼得堡和「國界」會距離太遠，剩下的芬蘭領土便還給瑞典。西元一七五一年，瑞典按照約定，屈服於俄羅斯的壓力，選了伊莉莎白女皇的親戚、霍爾斯坦－戈托普家出身的阿道夫・腓特烈（Adolf Fredrik），作為沒有子嗣的弗雷德里克一世繼承人。西元一七五一年，弗雷德里克一世逝世，阿道夫·腓特烈成為瑞典國王，從此開啟「霍爾斯坦－戈托普王朝」（參照176頁圖）。

之後，便帽派和禮帽派的政治鬥爭依然持續不休。西元一七六六年，瑞典領先全球制定了保障言論自由的《出版自由法》，在這個時期締造許多影響後世民主主義的創舉。

丹麥與俄羅斯的領土問題

發生大北方戰爭時，丹麥和挪威國王是弗雷德里克四世（Frederik IV）。丹麥國土因接二連三的戰爭而縮減，宿敵戈托普公爵家族還與瑞典組成同盟。

戈托普公爵家族起源於在什勒斯維希市郊擁有戈托普爾夫城堡的歐登堡王室（參照93頁）。戈托普家族在什勒斯維希的勢力僅次於丹麥王室，自伯爵戰爭後一直與王室為敵。當時戈托普家的主人是卡爾・腓特烈的母親海德薇格・索菲亞（Hedvig Sofia），她是瑞典國王卡爾十一世的女兒，所以在大北方戰爭中與瑞典結盟。

遭到南北夾擊的弗雷德里克四世，在反瑞典戰爭中派兵占領戈托普家的領地，但後來敗給瑞典軍後又交還了領地。在瑞典國王卡爾十二世遠征俄羅斯失敗後，丹麥和周邊各國一同轉守為攻，最後雙方於西元一七二〇年在腓特烈堡和談，結束了丹麥的大北方戰爭，什勒斯維希的戈托普家領地也歸弗雷德里克四世所有。

前面提過，瑞典歷史上有個名叫霍爾斯坦－戈托普的王室家族，這是因為戈托普家雖然在大北方戰爭後被逐出戈托普城、失去在什勒斯維希公爵領地內的土地，但依然在霍爾斯坦擁有領地。西元一七五一年，霍爾斯坦－戈托普家的阿道夫・腓特烈成為弗雷德里克一世的繼承人，即位成為瑞典國王。

彼得大帝早逝的女兒安娜・彼得羅芙娜（Анна Петровна）的丈夫戈托普公爵

卡爾・腓特烈，是阿道夫・腓特烈的堂兄。其兒子卡爾・彼得・烏爾里希（Karl Peter Ulrich）後來成為沒有子嗣的俄羅斯女皇伊莉莎白的養子。西元一七六二年伊莉莎白死後，卡爾・彼得・烏爾里希便登基為俄羅斯沙皇彼得三世（Пётр III）。

彼得三世下令俄羅斯撤出普魯士和奧地利的七年戰爭（一七五六～一七六三年），轉而進攻丹麥。戈托普家長年與丹麥王室（國家）為敵的立場，變成由彼得三世領導的俄羅斯延續下去。不過他在登基翌年便於當時的皇后葉卡捷琳娜二世（Екатерина Алексеевна）策劃的政變中被殺，俄羅斯便停止了對丹麥的攻勢。

西元一七七三年，葉卡捷琳娜二世與丹麥國王克里斯蒂安七世（Christian VII）簽訂領土交換條約，解決兩國的領土紛爭。根據條約內容，丹麥要用霍爾斯坦公爵領地內基爾附近的戈托普領地，交換歐登堡伯爵領地，代表構成丹麥這個「複合國家」的霍爾斯坦公爵領地內，已不再包含戈托普的舊領地了。

大北方戰爭後的丹麥

西元一七二〇年，丹麥結束大北方戰爭後，提出了「維持（當時作為複合國家的丹麥）國界」的外交目標，表明丹麥不會介入他國戰爭。從十八世紀中葉到下半葉，發生了奧地利王位繼承戰爭、七年戰爭、美國獨立戰爭等多國之間的戰爭，而丹麥外交大臣伯恩斯托夫（Bernstorff）發揮精湛的外交才能、慎選結盟對象，才讓丹麥得以避免捲入戰爭。不僅如此，丹麥還在美國獨立戰爭之際與交戰國通商，提高了國家收入。

西元一七三〇年，在弗雷德里克四世之後繼位的克里斯蒂安六世（Christian VI），是個虔誠禁欲的新教徒。他要求國民和自己一樣虔誠，強制人民參加星期日的禮拜，並禁止觀賞喜劇等娛樂活動。西元一七三三年，他訂立了「農奴制」，規定十四～三十六歲的男性農民不得離開出生地，藉此保障擁有大農場的貴族有足夠的勞力可以務農，又能徵召農民作為士兵。這些政策讓克里斯蒂安六世不得民心。

在繼任的弗雷德里克五世（Frederik V）、克里斯蒂安七世統治期間，丹麥持續貫徹中立。但實際上負責處理政務的，卻是一群德意志出身的能幹官員，前面提到的伯恩斯托夫也是其中一人。他們獲封丹麥國內的領地，不在乎自己出身地的利害，一切以丹麥的國務為優先。這是因為弗雷德里克五世雖然不是虔誠的信徒，卻也無心政務，克里斯蒂安七世則是患有精神疾病。

德意志醫師施特林澤（Struensee）原本是病弱的克里斯蒂安七世的御醫，後來掌握政治實權，於西元一七七一年就任宰相。施特林澤依循啟蒙主義陸續頒布言論自由、廢除出版審查制度、行政改革等法令，但這些法律忽略了當時的丹麥國情、過於躁進。而且施特林澤只說德語，還強迫宮廷、官署、軍隊使用德語作為官方語言，得罪了整個宮廷，在西元一七七二年遭到宮廷內的反對派逮捕處死。

古爾德伯格（Ove Høegh-Guldberg）掌權後，逐一廢除了施特林澤的法令。西元一七七六年頒布了「出生地限制法」，禁止出生在丹麥、挪威、什勒斯維希、霍爾斯坦這些丹麥複合國家以外的人當官，唯有實力堅強的官員除外。

但是，古爾德伯格保守的作風違反時代潮流，因此西元一七八四年王儲弗雷德里克六世（Frederik VI）和德意志裔的改革主義者，在樞密院會議中發起政變，罷免了古爾德伯格派系的人馬。擁護王儲的雷文特洛（Reventlow）等開明貴族實現農業改革，改善農民的待遇，並設立嚴禁領主動用私刑的大、小型農民委員會。深知農民困境的王儲弗雷德里克六世，還曾經對擁有大片領地的貴族說出這句富象徵性的名言：「與其等到後天，不如把握明天。」西元一七八八年，他還設定了十二年的過渡期，逐漸廢除農奴制。

挪威蘊釀出的愛國精神

在丹麥的外交政策下，實質上為從屬國的挪威也十分和平，憑著以漁貨、木材、鐵為主要出口商品的貿易和海運業而繁榮，經濟持續提升。

人民的生活變得富足後，便開始重新看待本國的自然科學和歷史。西元一七六〇年，特隆赫姆設立挪威皇家科學與文學院的前身；西元一七七四年，哥本哈根設立作為愛國詩人社交俱樂部的挪威學會。西元一七七一年，出版史書《挪威王國史》。

但是，這一連串的愛國行動並沒有發展成獨立運動。因為挪威的官僚和神職人員菁英階層都是在哥本哈根讀書，儘管對丹麥人心懷不滿，卻也有一份親切感。

另一方面，丹麥人也覺得挪威人是「兄弟」。以代表作《山上的耶比》（Jeppe på Bjerget）聞名的劇作家郝爾拜（Ludvig Holberg）、活躍於大北方戰爭的軍官托登舍爾德（Tordenskjold）、向格陵蘭人傳教的傳教士埃格德（Hans Egede），都是當時在丹麥知名的挪威人。

「自由時代」的終結

西元一七七一年，二十五歲的古斯塔夫三世（Gustav III）繼承了瑞典王位。當時的瑞典處於「自由時代」，他在即位翌年發起政變，禁止黨派活動、將國務院降格到國王顧問團的層級，並削減身分制議會的權限、收回貴族的權力。持續五十年以上的「自由時代」就此結束，瑞典再度開啟了絕對君主制。

古斯塔夫三世依循啟蒙思想，立法禁止私刑、解放猶太人。經濟方面，他放寬行會的限制，並推動穀物自由買賣。文化振興政策上，他創立「瑞典學院」，並設立歌劇院，鼓勵戲劇和歌劇發展。反之，他禁止反政府的立場和行動，開始限制言論出版自由，表露出違背啟蒙思想的一面。

古斯塔夫三世在外交上採取中立，但英國在美國獨立戰爭期間限制中立國的船舶航行，於是在俄羅斯的主導下，丹麥於西元一七八〇年一同加入「武裝中立同盟」，主張保護中立國的船舶。西元一七八三年，丹麥成為第一個承認美國是「國家」的中立國。

古斯塔夫三世針對政變以前被視為政治腐敗的「自由時代」發起的反動，以及國民對他的高度支持，讓西元一七七〇年代的丹麥政局一帆風順。然而到了西元一七八〇年代，沉重的賦稅和高壓政策引發人民不滿，身分制議會出現了批判聲浪，貴族對古斯塔夫三世的不滿愈發高漲。

因此，古斯塔夫三世從中立切換成積極的外交政策，禮帽派持續強行推動親法路線，使得瑞典和俄羅斯之間的情勢變得緊繃，於西元一七八八年開啟了與俄羅斯的戰端。與此同時，駐芬蘭的瑞典軍官寄給俄羅斯女皇葉卡捷琳娜二世一份備忘錄（利卡拉書簡），上面批判了瑞典的領導者，並表示芬蘭人希望與俄羅斯和平共處，一一二名集結在安雅拉的軍官簽署了支持這份備忘錄的《安雅拉盟約》。然而這個陰謀曝光，除了少數人流亡到俄羅斯以外，其他簽署的軍官都遭到逮捕。

由於俄羅斯同時與鄂圖曼帝國作戰，瑞典在戰爭中處於優勢，但後來瑞典的友邦法國發生革命，與俄羅斯結盟的丹麥也參戰。戰爭期間，瑞典國內的貴族發起反政府運動，古斯塔夫三世鎮壓了這場動亂，並廢除王國國務院，反而促使君權強化。

西元一七九〇年，戰爭以瑞典勝利收場，瑞典與俄羅斯簽署《韋萊雷條約》，確定當時的國界，且俄羅斯承諾不再干涉芬蘭的土地。另一方面，古斯塔夫三世飽受法國大革命的衝擊，因此又與俄羅斯達成協定，推動各項計畫以打敗由革命勢力掌權的法國。

但是西元一七九二年，古斯塔夫三世在歌劇院的化裝舞會中，遭到反對人士暗殺身亡。

北歐各國的殖民地

十七～十八世紀，英國和荷蘭等國為了開拓新市場而進軍世界、取得殖民地。北歐各國也不例外。

丹麥將非洲幾內亞灣沿岸地區、西印度群島、印度的特蘭克巴爾、格陵蘭作為殖民地，靠著本國與殖民地之間的三角貿易賺進財富。

當時的日本

俄羅斯軍人拉克斯曼（Адам Лаксман）在1792年率領使節來航根室，要求與日本通商。使節團中包含在俄羅斯遇難受到保護的大黑屋光太夫等日本人。他們之所以能夠安全返國，是受到大黑屋光太夫的朋友、芬蘭出身的拉克斯曼的父親傾力相助。

丹麥在西印度群島建立甘蔗種植業，並將非洲大陸帶來的奴隸當作勞力任意使喚，甚至經營從非洲輸入西印度群島的奴隸貿易。不過，奴隸貿易並非丹麥獨有，歐洲各國都在經營。十年後的西元一七九二年，丹麥觀察到英國和法國出現廢除奴隸貿易的動向，先下手為強，領先全世界立法禁止奴隸貿易。但是西元一八四八年發生了奴隸暴動，導致奴隸制一直延續很久才廢除。

十五世紀初以後，格陵蘭和丹麥之間停止通航。西元一七二一年，弗雷德里克四世派北挪威的牧師埃格德到格陵蘭時，當地維京時代的殖民者已經絕後，居民只剩下因紐特人。埃格德仍堅持繼續傳教，於西元一七三七年設立了傳道用的學校。他因為這些貢獻而被任命為「主教」，有「格陵蘭第一位基督教傳道者」之稱。

瑞典在非洲大陸、北美大陸、西印度群島都有殖民地。芬蘭農民曾移居到其中位於北美大陸東岸德拉瓦河畔的新瑞典（Nya Sverige），在小木屋裡生活。後來美國效仿這種作法，在拓荒地廣建小木屋。

西元一八四〇年以後，丹麥陸續將格陵蘭以外的殖民地賣給英國和美國；瑞典則是把殖民地賣給法國，有的殖民地則遭到荷蘭侵占，二十世紀時便脫手了所有殖民地。順便一提，加勒比海的美國領土維京群島，原本是丹麥殖民地「丹屬西印度群島」，到了西元一九一七年才賣給美國。

北歐的學術發展

以科學為首的各項學術研究，在十六～十八世紀的北歐如火如荼地展開，各地都設立起學術機構。丹麥創立皇家學院；瑞典創立美術、科學學院；西元一六四〇年，芬蘭最古老的大學奧布皇家學院（現今的赫爾辛基大學前身）成立；西元一七六〇年，挪威特隆赫姆學會（西元一七六七年改名挪威皇家科學與文學院）成立。

北歐科學家也隨著學術研究的盛行而紛紛嶄露鋒芒。

西元一五四六年，丹麥出生的天文學家布拉厄（Tycho Brahe）仔細觀察天體運行，提出介於地動說和天動說的理論。他的觀測資料後來傳承給德國學生克卜勒（Johannes Kepler），促使其發現「行星運轉三定律（克卜勒定律）」。西元一六四四年，丹麥出生的天文學家羅默（Ole Rømer），發現了光波的有限速度（光速）。

西元一七〇一年，瑞典出生的天文學兼物理學家攝爾修斯（Anders Celsius），提出將水的熔點和沸點之間劃分成一百等份，作為溫度的單位標準。攝氏溫度（℃）的「攝氏」就是取自他的名字。此外，還有一名瑞典出生的科學家史威登堡（Emanuel Swedenborg），但他晚年醉心於神祕學，還出版了自行解讀《聖經》的著作《屬天的奧祕》（Arcana Coelestia）。其思想也影響了德國劇作家歌德（Goethe）和德國哲學家康德（Immanuel Kant）的著作。

耐人尋味的北歐偉人❹

「分類學之父」

林奈

Carl von Linné

（1707～1778）

建立分類動植物的「二名法」

來自瑞典的林奈在大學修習醫學和植物學，另外也研究動物和礦物，於西元1735年出版《自然系統》（Systema Naturæ）一書，將植物、動物、礦物這3界細分成「綱、目、屬、種」。

此外，他建立了「二名法」，用屬名搭配種名來標記動植物的學名，還導入用雄蕊和雌蕊的形狀與數量來分類植物的新方法。林奈奠定了這些分類學的基礎，因而有「分類學之父」的美譽。

林奈的學生通貝里（Carl Peter Thunberg）與日本關係密切，曾在長崎出島的荷蘭商館當醫生，從西元1775年開始在日本居留二年。期間他採集各種植物，回國後寫成《日本植物誌》。現在若是造訪歐洲，還可以看到很多在通貝里歸國後引用了日本名稱的植物。

chapter 5

民族國家的形成

拿破崙戰爭與北歐

西元一七八九年法國大革命爆發。在革命的潮流中，拿破崙・波拿巴（Napoléon Bonaparte）於西元一七九九年掌握大權，擴張法國的勢力，令全歐洲動盪不安。這場發生在歐洲的戰亂稱作拿破崙戰爭，戰火一直延燒到西元一八一五年。

北歐也逐漸捲入這場源自歐洲的洶湧戰爭，導致北歐各國之間的結構產生劇烈變化，並決定了北歐日後的歷史走向。那麼，我們就來看北歐發生了什麼變化吧！

丹麥VS英國

法國大革命爆發前，英國和法國在美洲大陸長年對立。保持中立的丹麥便與沒有制海權而難以供給物資的國家貿易，憑著海運大賺一筆。然而，當兩國的衝突地點轉移到歐洲後，通過英吉利海峽的各國商船都開始受到英國限制。

西元一八〇〇年夏季，中立的丹麥軍艦正在護衛商船通過海峽，卻遭到英國扣留。丹麥在同年十二月和瑞典、普魯士、俄羅斯再次組成「(第二次）武裝中立聯盟」，牽制英國以要求自由通航。

翌年三月，英國派出由總司令帕克（Hyde Parker）和副司令納爾遜（Horatio Nelson）率領的主力艦隊前往丹麥，兩國在哥本哈根港近海交火。波羅的海周邊的武裝中立聯盟國無法在港口凍結的冬季派出援軍，因此這場發生在港灣的戰爭由英國取勝。從此以後，丹麥便不再派出保護商船的武裝軍艦。

西元一八〇二年，英國和法國簽訂《亞眠和約》，歐洲迎來和平。然而轉眼間，兩國又發生衝突。西元一八〇五年，法國海軍計劃進攻英國本土，但在西班牙近海的特拉法加海戰中敗給英國海軍，法國徹底失去海軍戰力。

後來，法國仰賴陸軍發起東征，擊敗普魯士，並在西元一八〇六年十一月於普魯士首都柏林，針對英國發布《大陸封鎖令》（禁止歐洲各國與英國通商）。在這個局面下的西元一八〇七年七月，拿破崙在普魯士和俄羅斯交界處的提爾西特，與俄羅斯沙皇簽署祕密協定。俄羅斯承諾嚴守《大陸封鎖令》，讓法國徹底統治歐洲大陸。

然而，英國在法國準備進攻下一個目標丹麥前，搶先與丹麥交涉結盟。因為失去海軍戰力的法國如果要讓《大陸封鎖令》實際生效，就需要借助丹麥這種擁有海軍實力的中立國家。

丹麥也十分積極要與英國結盟。丹麥預測陸軍強盛的法國會從南方陸路北上攻入霍爾斯坦，只要丹麥軍能在抗戰中爭取時間，英國海軍就能及時趕來救援；反之，若丹麥與英國為敵，強大的英國海軍恐怕會直接砲轟哥本哈根，而且海上封鎖會切斷丹麥與挪威的關係，必須儘量避免。根據以上判斷，丹麥最後選擇與英國結盟。

沒想到，希望與丹麥結盟的英國卻提出一項條件，就是丹麥必須將海軍的指揮權交給英國，於是雙方在西元一八〇七年九月談判破裂。英軍登陸哥本哈根北部，用燃燒彈轟炸丹麥首都，丹麥在五天後投降，英國幾乎帶走所有停泊在哥本哈根港的軍艦。同年十月，丹麥不得不與法國結盟。翌年丹麥國王克里斯蒂安七世去世，新國王弗雷德里克六世即位。

兩國同盟一直維持到西元一八一四年拿破崙垮台。而情勢發展也如當初所料，英國海軍封鎖丹麥周邊海域，導致挪威大量民眾餓死。經濟狀況惡化的丹麥發生通貨膨脹，於西元一八一三年宣告破產。

當時的日本

英法對立的餘波也影響到當時的日本。1808年江戶時代後期，英國軍艦佯裝成荷蘭船隻（當時的荷蘭受到法國統治），入侵長崎灣大肆作亂。這起事件就引用軍艦的名稱，稱作「菲頓號事件」。

俄羅斯占領下的芬蘭

丹麥和瑞典加盟的第二次武裝中立聯盟，隨著丹麥在港灣海戰的敗北而瓦解。之後，瑞典加入第三次反法同盟，於西元一八〇五年開始與法國作戰，卻無法阻擋勢如破竹的法軍。

同盟國普魯士於西元一八〇六年戰敗後，戰線延伸到波羅的海南岸，瑞典軍被迫撤離自西元一六四八年以來擁有的波美拉尼亞。同一時期，俄羅斯與法國講和，瑞典的同盟國只剩下英國。

西元一八〇八年，俄羅斯按照與法國的和約條件進攻瑞典，雙方在芬蘭開戰。這就是「第二次俄瑞戰爭（芬蘭戰爭）」。在西元一七八八年發生的第一次俄瑞戰爭中，是以瑞典勝利收場。但在這次的戰爭中，還有法軍與丹麥－挪威軍威脅瑞典南部，瑞典軍被迫分散戰力而陷入苦戰，最終讓俄羅斯占領了整個芬蘭。

當時的俄羅斯首都聖彼得堡與芬蘭灣比鄰，海灣南岸的愛沙尼亞自大北方戰爭以來都受到俄羅斯統治，因此俄羅斯只要控制海灣北岸，就能鞏固首都的國防。換言之，俄羅斯侵略芬蘭的目的並非經濟利益，而是軍事需求。

瑞典人民因接連不斷的戰敗和軍事經費的重擔，愈來愈反對時任國王的古斯塔夫四世（Gustav IV）。西元一八〇九年，親法派的貴族發起政變，罷黜了古斯塔夫四世，之後由攝政的叔父卡爾十三世（Karl XIII）即位。

同年，瑞典簽訂《腓特烈港和約》（芬蘭語稱《哈米納和約》），與俄羅斯和談。這份條約將芬蘭和奧蘭群島正式割讓給俄羅斯。

芬蘭就此脫離瑞典領土，成為俄羅斯帝國下的「芬蘭大公國」。

與祖國為敵的前法軍元帥

卡爾十三世即位時已經超過六十歲，而且在獨生子出生後便死去，必須立即決定繼承人。於是，卡爾十三世的養子、繼承丹麥王室血統的挪威總督入選為王儲，但他不久後就猝逝。因此西元一八一〇年，和瑞典王室沒有血緣關係的法軍元帥尚－巴蒂斯特・伯納多特（Jean-Baptiste Bernadotte）被選為王儲。

伯納多特之所以會入選瑞典王儲，與他的地位和瑞典貴族的背後考量有密切關聯。瑞典貴族認為需要有法國協助，才能從俄羅斯手中奪回芬蘭，所以相中了有「拿破崙左右手」之稱的伯納多特。

伯納多特成為卡爾十三世的養子之後，改名為與瑞典王室有淵源的卡爾・約翰（Karl Johan），以攝政的身分投入瑞典政務。根據卡爾・約翰冷靜的分析，拿破崙的勢力已經衰退，瑞典也沒有足以對抗俄羅斯、奪回波羅的海沿岸的軍事力量。因此，他依照當時倡導的天然國界概念（以自然地形劃定國界的觀點），計劃從丹麥手中奪占陸地與瑞典相連的挪威，藉此擴張領土。

西元一八一二年，法軍入侵波羅的海南岸的瑞典領土，扣押了瑞典船隻。此事讓瑞典國內的反法趨勢高漲，於是卡爾．約翰決定採取中立，不依附法國和英國任何一方。這就是「一八一二年政策」，也是瑞典此後的基本外交方針。在這之後，瑞典與各國進行外交談判，放棄向俄羅斯奪回芬蘭，轉而設法得到更多支援以占領挪威。

剛好就在這個時候，各國在拿破崙遠征

瑞典王室（18世紀中葉～19世紀中葉）

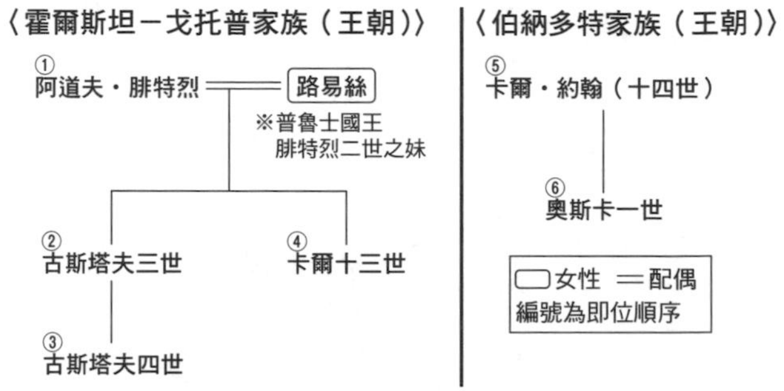

俄羅斯失敗後組成第四次反法同盟，瑞典也成為加盟國。

西元一八一三年法國與反法聯軍決一死戰的萊比錫戰役中，卡爾・約翰的軍隊對聯軍的勝利貢獻良多。之後他還親自率兵追殺敗逃的拿破崙，不與聯軍共同侵略法國，而是進攻丹麥南部的霍爾斯坦。失去法軍後援的丹麥軍戰敗，瑞典軍奪得了勝利。

依照西元一八一四年一月簽訂的《基爾條約》，挪威被割讓給瑞典。挪威自西元一三八〇年以來都由丹麥治理（參照99頁），如今則是納入瑞典國王的統治之下。同年，拿破崙失去皇帝的地位，被逐出法國。

西元一八一八年，卡爾．約翰在養父卡爾十三世去世後繼任王位，開創以卡爾十四世為始祖的「伯納多特王朝」。

瑞典的共主邦聯

我們將時間稍微往回拉一點，看看在拿破崙戰爭中的挪威情勢。

簽訂《基爾條約》一事，讓挪威國民對丹麥的質疑達到最高點，國內出現追求獨立的聲浪。挪威各地代表在克里斯蒂安尼亞（現今的奧斯陸）北方六十公里處的埃茲沃爾召開會議，制定憲法。而丹麥國王弗雷德里克六世的堂弟、挪威總督克里斯蒂安．弗雷德里克（Christian Frederik），在君主立憲制下當選為新國王。制定《埃茲沃爾憲法》的五月十七日，至今仍是挪威最重要的憲法紀念日。

然而，並沒有任何國家承認挪威獨立。當卡爾・約翰率領瑞典軍進攻挪威後，挪威在短暫的抗戰後便投降，克里斯蒂安・弗雷德里克退位回到丹麥。不過雙方在談判過後，決定不採取併吞的方式，而是由瑞典國王兼任挪威國王（共主邦聯），挪威成為可以自行推舉國王的國家。

挪威的《埃茲沃爾憲法》在修正後也得以延續，國內建立起瑞典不得直接干涉內政的制度。這是卡爾・約翰在討論拿破崙戰爭善後問題的維也納會議中，為了快速鞏固瑞典的國際立場，而對挪威做出的讓步。

芬蘭大公國

西元一八〇九年三月，俄羅斯沙皇亞歷山大一世（Алекса́ндр I）將芬蘭併入俄羅斯以前，在波爾沃召開了芬蘭的身分制議會。會中他確立了芬蘭大公國的體制，由自己擔任芬蘭大公，宣布在芬蘭採取不同於俄羅斯的政治體制。在這個全新的大公國裡，舊有的司法制度、教育制度、路德派教會都能延續下去，並維持瑞典時代的文化制度。當時的芬蘭有百分之十二的人口日常慣用瑞典語，而且主要是社會上層階級的人士。俄羅斯為了疏遠芬蘭與瑞典的關係，於西元一八一二年將芬蘭首都從奧布（芬蘭語地名為土庫）遷往更東方的赫爾辛基。

芬蘭大公之下設有總督的職位，並創立了大公國議會（senaatti）。議會是由七名貴族、七名平民，共十四名代表組成，分成相當於最高法院的司法部，以及相當於

北歐的勢力變化

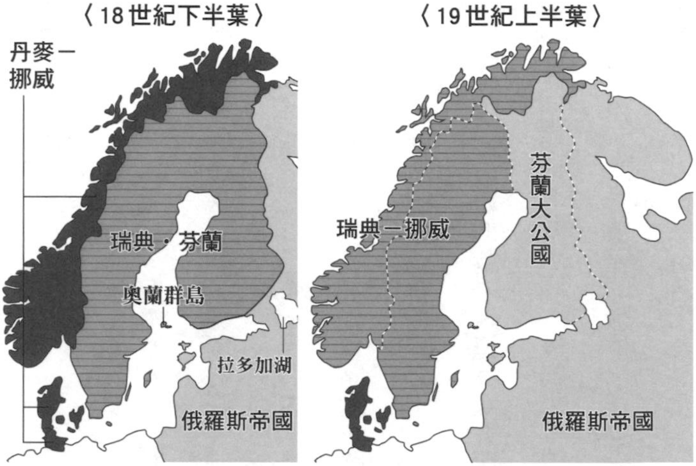

現代內閣的經濟部。此外，俄羅斯首都聖彼得堡也設立了事務（國事）委員會，專門向俄羅斯沙皇提議芬蘭的相關政策。

芬蘭與俄羅斯不同，農民可以任意擁有土地，也能派代表參加身分制議會。農民在芬蘭的高度地位，也影響了俄羅斯沙皇統治其他地區的態度，甚至在西元一八六一年成為俄羅斯國內解放農奴的楷模。

浪漫民族主義的影響

拿破崙戰爭打亂了北歐各國傳統的領土秩序。各個地方的居民開始關心自己所屬的群體，北歐社會進入人民關心自己作為「民族」的歷史特性的時代。

丹麥是其中的先驅。留學德國的挪威自然科學家史蒂芬斯（Henrik Steffens），在丹麥宣揚德國的浪漫主義。浪漫主義是指注重主觀、感性的思維或藝術風格，浪漫主義的藝術作品尊重個性，主題大多偏向自然、歷史和愛情。

深受史蒂芬斯的演講感召的詩人歐倫施萊厄（Oehlenschläger），於西元一八〇二年寫下詩歌《黃金號角》（The Gold Horns）。這是北歐最早的浪漫主義作品，題材取自收藏維京時代前打造的黃金號角的寶物庫失竊事件，描述過去的北歐諸神因為人類無法理解號角上所刻的訊息，而收回了號角。詩中使用了在北歐基督教化以後就不曾再用過的神的複數名詞「guderne」，緬懷過去的北歐神話世界，啟發人們意識到丹麥、瑞典和挪威都擁有這一段「光榮的共同往事」。

從此以後，丹麥文學界在浪漫民族主義的潮流下，孕育出許多描述北歐過往的文學作品，邁向「文學的黃金時代」。這股風潮也影響了瑞典，瑞典文學家特格納爾（Esaias Tegnér）於西元一八二九年，將歐倫施萊厄譽為「北歐詩歌之王」，此舉意味著過去為了波羅的海霸權而爭戰不休的「宿敵」和解，象徵了這個時代。

浪漫民族主義最終也影響到社會和政治層面。丹麥在地理、歷史上都與德國關係匪淺，宮廷和上流社會人士也經常使用德語。見證文學黃金時代的丹麥年輕人，站在民族的立場關心丹麥在語言、歷史上的特性，於是不免開始質疑丹麥隱含的「德國性」。

防備「俄羅斯化」

芬蘭即使成為俄羅斯帝國內的大公國，也依然展現出高度的獨立民族意識。最大的焦點就是語言。前面提到芬蘭雖然受到俄羅斯統治，卻依然維持著瑞典時代的制度，不過也可以預見有朝一日大公國會併入帝國的制度裡，實行「俄羅斯化」。

當時的芬蘭西部和南部居民平常都慣用瑞典語；而知識份子幾乎都使用瑞典語。芬蘭在民族上的弱點，就在於菁英階層和一般民眾使用不同的語言。為了解決這個問題，芬蘭的菁英階層自主改變日常的慣用語言，將大眾通用的芬蘭語作為自己的語言。芬蘭學者阿維德森（Adolf Ivar Arwidsson）聲稱「我們不是瑞典人，也不想成為俄羅斯人，所以就讓我們成為芬蘭人吧！」這句話充分表達了當時芬蘭知識份子的精神。不過瑞典語在芬蘭並不算是外語，至今仍是芬蘭的官方語言之一。

這個時期的芬蘭文學當中，最重要的代表作品為倫羅特（Elias Lönnrot）的《卡勒瓦拉》（The Kalevala）。倫羅特本來是一名醫師，他在業餘之際走訪各地農村，到處收集民間傳說，彙編成一系列的敘事詩《卡勒瓦拉》。詩中描述的英雄故事激發了芬蘭人民的榮譽和獨立精神，形塑了芬蘭人民族意識中最重要的部分。

挪威語的二種書寫形式

丹麥民族意識高漲的原因，在於拿破崙戰爭引發的經濟重創、戰敗結果，以及失去長年的「兄弟之邦」挪威。芬蘭從瑞典改由俄羅斯統治時，則是藉由反思自己的立場而喚醒了民族意識。

另一方面，瑞典是在全盛時期的十七世紀，將遺留在地區名中的「約塔人（Götar）」，與過去曾撼動羅馬帝國的勇猛日耳曼人分支「哥特人（Goter）」重合，構成民族意識的基礎。瑞典在失去芬蘭、國家情勢劇變之際，於西元一八一一年成立愛國主義團體「約塔協會」，旨在復興約塔人的民族精神。在卡爾十四世的帶領下，瑞典採取中立姿態、保持國家獨立，因此人民對民族性的榮譽心是以積極正向的形式發展。

挪威也在摸索符合新國家架構的民族認同，並同樣著重於民間傳說。挪威民俗學家亞柏容森（Peter Christen Asbjørnsen）與友人莫伊（Jørgen Moe），共同出版由各地民間傳說集結而成的《挪威童話集》，獲得極大的迴響。書中收錄的〈三隻小羊〉在日本曾經出版成圖畫故事書，廣為人知。

語言改革也是重點之一。西元一八一四年，《挪威憲法》規定的官方語言是「挪威語」，但當時挪威使用的書面語其實是丹麥語，也就是過去統治者的語言。有識之士認為這是很重大的問題，便倡導根據挪威人的口語語言來改革書面語。語言學家奧森（Ivar Aasen）於西元一八四〇年代調查了全國各地方言，整合成新語言「本土挪威語（Landsmål）」公諸於世。相對地，他也提議將傳統的丹麥書面語修改成符合挪威語的用法，變成較為嚴謹的「官方挪威語（riksmål）」，廣受城市地區和菁英階層的支持。兩者都屬於「國語」，但「本土」具有「在地」的含義。

後來，本土挪威語更名為「新挪威語（nynorsk）」，官方挪威語則更名為「書面挪威語（bokmål）」，現在兩者都是挪威的官方文書語言。雖然書面挪威語的使用者為大宗，但新挪威語深受文藝人士喜愛。

政治性斯堪地那維亞主義的根源

法國大革命後的一連串動向，嚴重衝擊了德意志人。平民階級在法國大革命中成為焦點。曾經參與瓦爾密戰役（一七九二年）的德意志文豪歌德，親眼見證過法國國民軍為保衛國家而戰，並寫下「從今以後，就是世界史的新時代」。同為德意志作曲家的貝多芬（Ludwig van Beethoven），還特地為拿破崙撰寫交響曲；哲學家費希特（Johann Gottlieb Fichte）則是在法軍占領的普魯士首都柏林，發表《對德意志民族的演講》，激勵當時還沒有統一國家的德意志人。

西元一八一四年到翌年，各國代表齊聚奧地利帝國首都維也納，召開商討拿破崙戰爭善後議題的維也納會議。德意志遭到拿破崙瓦解以前，原本是由三百多個小國組成的「神聖羅馬帝國」，在這場會議中則是重新編組成三十八個國家、形成「德意志邦聯」。

拿破崙並沒有參與這場維也納會議，唯一以戰敗國身分出席的是丹麥國王弗雷德里克六世。丹麥失去挪威換來的補償，就是獲得人口約五萬的北德意志公爵領地勞恩堡。自此，丹麥國王以勞恩堡和霍爾斯坦公爵的身分，成為德意志邦聯的成員。

丹麥複合國家（1815年～1864年）

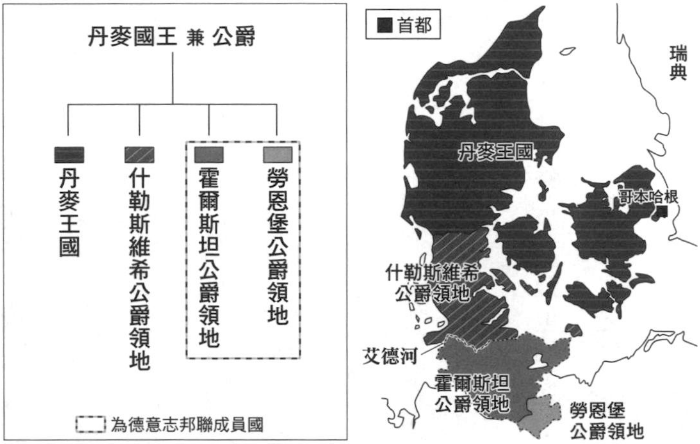

西元一四六〇年，丹麥國王克里斯蒂安一世兼任起什勒斯維希和霍爾斯坦公爵，向兩地貴族承諾這兩座公爵領地是「永不分離的一體」（參照108頁）。而這項可以有不同解讀的承諾，導致兩座公爵領地在十九世紀衍生出非常複雜的問題。

當時的「丹麥國家」，是丹麥王國與三座公爵領地皆由同一人物擔任國王和公爵而組成的「複合國家」，各部分在行政上並不統一。不僅如此，各地居民的慣用語言也不同，丹麥王國使用丹麥語；

霍爾斯坦和勞恩堡使用德語；什勒斯維希有超過一半居民使用丹麥語，南部及城市地區則使用德語。換言之，在語言上就埋藏著民族衝突的因子。

西元一八三〇年，受到法國七月革命的影響，使用德語的什勒斯維希－霍爾斯坦自由主義者，以過去答應貴族兩座公爵領地「永不分離」的承諾為根據，向身兼公爵的丹麥國王，要求什勒斯維希也和霍爾斯坦一樣適用於德意志邦聯內的權利。什勒斯維希的德語名為「Schleswig」，霍爾斯坦的高地德語名為「Holstein」，站在德意志立場的這個主張，就稱作「什勒斯維希－霍爾斯坦主義」。

霍爾斯坦的平民自由主義者，認為這是統一德意志的手段，因此試圖將什勒斯維希與丹麥切割。另一方面，丹麥王國的平民自由主義者，反而抗拒德意志文化強勢的局面，想依照《自由主義憲法》將什勒斯維希公爵領地併入王國。他們自稱為「國家自由黨」，「國家」是重視丹麥國民的意思，「自由」則是企圖效仿挪威建立

《自由主義憲法》、以終結絕對君主制。

丹麥王國的國家自由黨中心人物是萊曼（Orla Lehmann）。萊曼追求的是法國大革命的自由主義，不過他也預料到時代趨勢、提出國族問題，於西元一八四二年主張丹麥的南邊國界，應劃在流經什勒斯維希和霍爾斯坦邊境的艾德河。不僅如此，他還認為霍爾斯坦在民族和政治上都處於德意志統一的脈絡之內，所以應當排除在丹麥的國家範圍之外。丹麥稱之為「艾德政策」，主旨是建立由丹麥和什勒斯維希（古稱「南日德蘭」）構成的民族國家。

為了將丹麥領土中最不像丹麥的什勒斯維希與丹麥連結在一起，斯堪地那維亞地區中最不像斯堪地那維亞的丹麥，必須和挪威、瑞典建立連帶關係，因此便孕育出「政治性斯堪地那維亞主義」。但這裡提到的是丹麥方面的情況，瑞典和挪威的考量，則是與丹麥不盡相同。

丹麥絕對君主制終結

丹麥國王克里斯蒂安八世（Christian VIII，曾以克里斯蒂安・弗雷德里克的名號成為挪威國王），於西元一八四六年發表《公開聲明》，否決奧古斯滕堡公爵家對於繼承什勒斯維希公爵領地的主張。

奧古斯滕堡家族是十六世紀丹麥王室的分支，從以前他們就預料丹麥王室有朝一日會無男嗣可以繼承王位，而「什勒斯維希—霍爾斯坦」適用於德意志傳統的繼承法《薩利克法》，所以宣稱在王室男性絕嗣時，兩座公爵領的宗主權可以轉移到王朝內唯一有男性繼承者的奧古斯滕堡家。

《公開聲明》裡提到，什勒斯維希與丹麥王國適用相同的繼承法。因此，假使如奧古斯滕堡家所言只能由男性繼承的話，也只有霍爾斯坦可以劃分在丹麥複合國

丹麥王室（18世紀中葉～20世紀初）

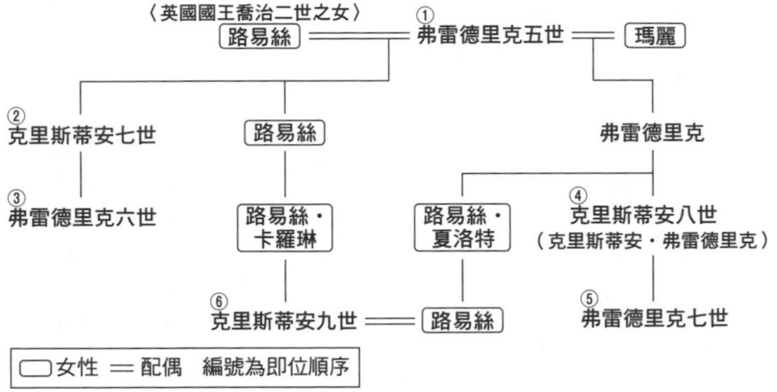

家之外。這份《公開聲明》代表國王支持艾德政策，導致什勒斯維希－霍爾斯坦主義者對國王心生不滿。

西元一八四八年一月，克里斯蒂安八世去世，弗雷德里克七世（Frederik VII）繼任為新國王。法國二月革命的動亂蔓延到德意志各地、引發三月革命後，在霍爾斯坦的城市基爾出現了革命組織，派出要求合併「什勒斯維希－霍爾斯坦」的請願團，前往弗雷德里克七世所在的哥本哈根，以及德意志國民議會的召開地法蘭克福。在哥本哈根，由國家自由黨召集人民開會，通過《賭場會議宣言》，要求國王頒布王國和什勒斯維希共通的《自由主義憲法》。一萬五千名民眾帶著這份宣言前往王宮，於是弗雷德里克七世答應讓人民代表進入內閣。丹麥將這件為君主立憲制開路的事件，稱作「丹麥三月革命」。

弗雷德里克七世只承認霍爾斯坦有權脫離丹麥、歸屬德意志，因此基爾的革命委員會以「我們的公爵」是哥本哈根的自由主義者為由，宣布成立臨時政府。之後，丹麥軍和什勒斯維希－霍爾斯坦軍，於西元一八四八年爆發第一次什勒斯維希戰爭，又稱作三年戰爭。

瑞典和挪威正規軍為了保護丹麥本土，在戰爭時駐紮於菲因島，來自斯堪地那維亞各地的義勇軍紛紛前來助陣。丹麥的國家自由黨認為政治性斯堪地那維亞主義的理想已經實現，卻沒有更多進展。這場內戰姑且以丹麥勝利的局面收場，但丹麥複合國家仍維持著戰前的狀態，艾德政策也沒有成功合併「什勒斯維希－霍爾斯坦」，暫時未能從本質上解決民族問題。結果延宕十多年後，又再度引發新的戰爭。什勒斯維希因成為戰地而捲入混亂之中，未能實施選舉，不過丹麥王國舉行了制憲會議選舉，並於西元一八四九年制定《自由主義憲法》。根據這部憲法，三十歲以上有經濟能力的獨立男性戶長皆有普通選舉權，並成立兩院制的王國議會。丹麥王國延續了一百八十多年的絕對君主制就此結束。憲法成立的六月五日是現今丹麥的憲法紀念日，也是國定假日。

克里米亞戰爭與瑞典

西元一八一四年以後，挪威都是由瑞典國王兼任挪威國王的共主邦聯之一。挪威有獨立的憲法、議會和軍隊，在持續抵抗瑞典干涉內政的過程中，國民逐漸萌生出獨立國家的自信。不過，在外交和邦聯整體的防衛方面，瑞典仍握有主導權，挪威的利害不受重視，讓國民對瑞典非常不滿。

西元一八四四年，與俄羅斯和英國交好的瑞典國王卡爾十四世去世後，唯一的兒子奧斯卡一世（Oscar I）繼承王位。相較於父親是法國軍人出身，奧斯卡一世則是在瑞典長大，擁有瑞典人的自我認同以及根深蒂固要奪回芬蘭的歷史觀點，因此正向接納政治性斯堪地那維亞主義。

西元一八五三年，鄂圖曼帝國與俄羅斯爆發戰爭。翌年，英國、法國都為了支援鄂圖曼帝國而參戰。這場戰爭主要發生在克里米亞半島，因此又稱克里米亞戰爭。

瑞典雖然宣布保持中立，卻與戰爭脫不了關係。因為中立代表交戰國的非武裝船舶，依然可以在中立國靠港。戰場後來拓展到波羅的海，身為中立國的瑞典，為在這裡沒有領土的英國和法國帶來莫大好處。

與此同時，奧斯卡一世計劃趁這場戰爭奪回芬蘭，尋找著參戰的機會。西元一八五五年十一月，瑞典簽署《十一月協定》，讓英、法承諾提供軍事支援，瑞典參戰對抗俄羅斯已迫在眉睫。

然而到了翌年三月，交戰國彼此簽訂《巴黎和約》，瑞典參戰一事也化為泡影。據說突如其來的和談消息，讓奧斯卡一世一夜白頭。而在他企圖奪回的芬蘭，國內幾乎無人希望回歸瑞典。

附帶一提，丹麥在這場戰爭中也宣布保持中立。因為當時丹麥國內是保守派得勢，加上考慮到俄羅斯的立場，而選擇嚴守中立。

分裂的芬蘭民族主義

不久，民族主義的浪潮也湧向了芬蘭。其中的先鋒是哲學家兼政治家斯內爾曼（Johan Vilhelm Snellman）。斯內爾曼曾在德意志與黑格爾左派人士交流，回到芬蘭後便投入推廣芬蘭語普及和制度改革運動。他的思想簡單來說，就是要讓芬蘭的居民「芬蘭人化」，並組成芬蘭最早的政黨「芬諾曼（意指親芬蘭派）黨」。

芬諾曼黨的主要支持者是年輕人，但不光是對菁英階層，他們對平常說瑞典語的漁民、農民的態度差異非常大，結果造成人民分裂。詩人兼政治家庫凡登（Emil von Qvanten）便鼓吹芬蘭、丹麥、瑞典、挪威共組邦聯，但遭到瑞典的斯堪地那維亞主義者反對。芬蘭民族主義運動因此崛起，分裂成既有的芬諾曼黨，以及主張包含慣用語言在內的瑞典式風俗有助於芬蘭文化發展的「斯韋科曼（親瑞典派）黨」。而庫凡登在流亡瑞典後任職於王室圖書館，依然繼續鼓吹涵蓋芬蘭的政治性斯堪地那維亞主義，影響了奧斯卡一世和繼任的卡爾十五世（Karl XV）的政策。

接下來，我們把焦點轉移到芬蘭大公國的內政。

西元一八五五年，成為俄羅斯沙皇的亞歷山大二世（Александр II Николаевич）

推動各個制度的近代化改革。其中值得注意的是教育制度，日後有「芬蘭國民教育之父」美譽的齊格紐司（Uno Cygnaeus），在城市與農村地區都建立了初等教育制度。經濟方面，則開始使用法定貨幣芬蘭馬克，並在西元一八六二年設立芬蘭第一間商業銀行。西元一八六三年，芬蘭語得以提升到與瑞典語同等的地位。

丹麥敗北

丹麥制憲後自由主義高漲，三座公爵領地的各項制度變更，都受到德意志邦聯的干涉，本由保守派把持的政權漸漸失去主導權。於是到了西元一八五八年，國家自由黨再度執政。他們以「回歸一八四八年的精神」為口號，但除了艾德政策以外，沒有任何策略可以排除南方國家干涉內政。

這時，支持政治性斯堪地那維亞主義的瑞典－挪威國王卡爾十五世提議與丹麥結盟，他所預設的「斯堪地那維亞」地理範圍與艾德政策一致。此外，西元一八六一年義大利統一後，波蘭爆發大規模起義，俄羅斯急忙出兵鎮壓，難以多加關注北歐的政治動靜，普魯士可能依情勢出面干預丹麥，這使得國家自由黨奮起推動艾德政策。然而，瑞典和挪威政府卻阻止卡爾十五世的獨斷，英國和法國也不支持丹麥。

由於丹麥國王弗雷德里克七世後繼無人，在第一次什勒斯維希戰爭後召開的倫敦會議上，格呂克斯堡家的克里斯蒂安九世（Christian IX）被推舉為繼承人，王后則是前任國王克里斯蒂安八世的外甥女路易絲（Luise）。弗雷德里克七世於西元一八六三年十一月猝逝後，克里斯蒂安九世便成了丹麥的新國王（參照192頁圖）。

克里斯蒂安九世是由各個外國選任的國王，因此不受國家自由黨的青睞，還被迫表態是否要以丹麥國王的立場支持艾德政策。克里斯蒂安九世勉為其難簽署了丹麥複合國家議會通過的《王國憲法擴大適用什勒斯維希議案》，但此舉引來普魯士和奧地利發出最後通諜。西元一八六四年二月一日，兩國軍隊進攻什勒斯維希，爆發第二次什勒斯維希戰爭。順便一提，「格呂克斯堡王朝」始於克里斯蒂安九世和路易絲夫婦，並延續至今。

同年四月十八日，丹麥軍在迪伯爾戰役中確定敗北，六月被迫停戰。根據十月簽訂的和約，丹麥失去什勒斯維希、霍爾斯坦、勞恩堡這三座公爵領地。而在這場第二次什勒斯維希戰爭中，丹麥是全世界最早開始使用戰壕來防禦的軍隊。

這場戰敗讓好戰的政治性斯堪地那維亞主義從此在丹麥消失。瑞典也僅止於國王卡爾十五世口頭承諾支援丹

當時的日本

北歐各國當中，最早與日本建立邦交的是丹麥，也是1867年江戶幕府作為外交窗口時最後建立的邦交國。之後到了明治元年（1868年），明治新政府也和瑞典－挪威聯合王國建立邦交。

麥軍，由王室利益主導的政治性斯堪地那維亞主義最終破滅。

現代北歐各國緊密的互助關係，就是建立在政治性斯堪地那維亞主義的挫敗經驗之上。後面提到的共通貨幣政策，就是最好的例子。

英國的糧食供應地

十八世紀的歐洲發生了世界史上的巨大變革，那就是英國發起的工業革命。西元一七六九年，從英國改良蒸氣機開始，傳統的手工業逐漸汰換成機械工業。以蒸氣機為動力的蒸氣船、蒸氣火車實用化以後，作為燃料的煤炭需求量便大幅增加，同時引發交通革命與能源革命。

當時的英國有很多海外殖民地作為市場，因此這些革命得以加速發展、帶動經濟成長。在英國工業革命告一段落的西元一八三〇年代以後，革命的浪潮以西歐為中心逐漸擴散到整個歐洲，北歐在西元一八七〇年左右開始工業革命。

丹麥因第二次什勒斯維希戰爭敗北而失去德意志市場；但另一方面，英國於西元一八四六年廢除穀物關稅，丹麥的國內產業隨即轉換，開始生產出口英國的糧食。

在這個時期，小麥及其他穀物都是透過蒸氣船從美洲大量運送到歐洲，所以丹麥在占了國土大部分面積的平原上致力於發展的不是穀物農業，而是酪農和畜牧業，積極生產英國人餐桌上必備的奶油、乳酪、培根等食品。農民組成合作社，用便宜原料生產自己人吃的人造奶油，同時努力生產出口用的奶油。西元一九一四年，丹麥的出口產品大約九成都是農產品，其中有六成都是輸往英國。

產業結構的變化，讓丹麥的農民生活變得寬裕許多，國內用的商品產量也增加，到了西元一八九〇年代，工業生產也顯著成長。不過，丹麥的天然資源很少，工業領域的發展有限，無法開闢大規模的工業區。

西元一八七〇年代，哥本哈根周邊逐漸工業化之際，丹麥詩人豪斯特（Hans Peter Holst）提出了口號「無論喪失多少，都能獲得賠償；在外失去的，終能從內在尋回」。這句話透過日本基督教思想家內村鑑三於西元一九一一年寫下的聖經講談《丹麥國話》（デンマルク国の話），在日本廣為人知。不過內村將這句話的出處，誤植成在什勒斯維希戰爭後開墾日德蘭地區石楠荒原的先驅達爾加斯（Enrico Mylius Dalgas），他所講述的達爾加斯軼聞，成為第二次世界大戰後日本坊間傳頌的和平復興楷模。

其實，北海道的酪農業也起源於丹麥。北海道廳在西元一九二七年開啟了北海道第二期拓殖計畫。在這之前的西元一九二三年，他們從丹麥邀請了莫登・拉森（Morten Larsen）等酪農家來訪日本。拉森一家於真駒內（現今的札幌市南區）經營十五公頃的農場長達五年，在北海道建立起酪農的典範。

奪回鐵礦大國的地位

丹麥盛行酪農業和畜牧業的同時，瑞典則是因工業革命而發展出木材加工業、礦業、機械工業。

用木炭製鐵自古就是瑞典的主要產業，但是用煤炭和焦炭製鐵的技術卻落後歐洲各國。然而，這時瑞典國內開始運用成本更低的製鐵技術，並開發新技術以脫除有毒的硫，擁有大型礦脈的瑞典因此奪回鐵礦大國的地位。

在瑞典鋼鐵業成長的過程中，小型工廠陸續消失，取而代之的是高資本設立的大規模工廠，逐漸走向財團經營的模式。

此外，瑞典政府在西元一八八八年開徵保護關稅，將國內消費品國產化，這項政策更加速了瑞典的機械工業發展。

活用森林與海洋資源的經濟

挪威擁有悠長的海岸線，有四成的國土都是森林地帶，主要產業是漁業、礦業和林業。其中木材是最重要的出口產品。由於北歐並沒有成為第一次世界大戰的戰場，挪威的林業得以在戰後復興特需中大幅發展。

漁網和蒸氣船的改良也讓漁業更加蓬勃發展。尤其是挪威人福因（Svend Foyn）發明了用火藥發射魚叉的捕鯨砲，使得鯨魚的漁獲量增加，挪威在二十世紀上半葉的鯨油產量占了全世界的八成。

工業革命後，挪威向經濟顯著成長的英國大量出口海產和木材，海運業也蒸蒸日上。當時的挪威和瑞典是共主邦聯，外交權掌握在瑞典手中，不過這個邦聯在西元一九〇五年解除（參照214頁）。挪威海運業不斷成長之際，各國迫切需要在挪威設立單獨領事館，瑞典卻改行貿易保護政策，這兩件事讓兩國形成巨大的矛盾。

芬蘭的工業革命則比斯堪地那維亞三國要稍晚。除了以赫爾辛基為中心建設鐵路網以外，芬蘭也剛好趁著當時歐洲的大好景氣，增加了木材產品、紙張、纖維素等工業產品的產量。

當時的芬蘭為附屬於俄羅斯帝國的大公國，但經濟活動並未受到限制，反而還增加了對帝國市場的出口量，成為俄羅斯帝國內最發達的地區。

工業革命以前的北歐和東歐、南歐一樣，都是歐洲裡的落後地區。但北歐各國藉由將農產品和工業產品出口到成熟的西歐市場，讓經濟得以持續發展。到了第一次世界大戰開始的西元一九一四年，北歐的經濟程度已經達到西歐先進國家的水準。

西元一八七三年，丹麥和瑞典組成「斯堪地那維亞貨幣聯盟」，引進在斯堪地那維亞語言中意指「王冠」的「克朗（krone）」作為統一貨幣。西元一八七五年，挪威也加盟。雖然隨著第一次世界大戰爆發，各國的貨幣制度再度分離，不過現在除了芬蘭以外，北歐四個國家的通貨依然稱作克朗。

遠渡美國的北歐移民

到了十九世紀，農村人口因營養和衛生狀態的改善而迅速增加。沒有農地可以繼承的人紛紛移居城市求職，甚至橫渡大西洋追尋新天地。

西元一八五〇年代以後，北歐到美國的移民人潮湧現。最早的移民主要是以家庭為單位，但後來出現許多單身的青年男女。先行移居的人經常對故鄉的人誇大美國的富庶，因而加快了移民熱潮。西元一八四〇年到一九一四年，瑞典有五分之一的人口、約一一〇萬人以上，挪威則有三分之一的人口、約七十五萬人遠渡美國，這也間接緩解了本國人口增加對社會的影響。北歐共有二七〇萬移民出走，但在美國賺夠錢後就回國的人也不少。

這些移民大多在工廠或建築工地做工，受惠於《公地放領法》，得以獲取土地或持有農場。北歐出身者大多定居在明尼蘇達州、伊利諾州等五大湖的西岸地區，自認祖先在北歐的美國人多達一千萬人。

聞名世界的北歐文化人

前面已經談過，十九世紀的浪漫主義對北歐造成莫大的影響力。丹麥評論家布藍德斯（Georg Brandes）曾解釋丹麥文壇長期受制於浪漫主義的原由，備受矚目。

布蘭德斯和普魯士哲學家尼采（Friedrich Wilhelm Nietzsche）私交甚篤，他曾告訴尼采哪些思想家和文人值得關注。具體來說包括丹麥哲學家齊克果（Søren Aabye Kierkegaard）、挪威劇作家易卜生（Henrik Johan Ibsen）、瑞典劇作家史特林堡（August Strindberg）等人。

齊克果貫徹基督教信仰，說明人會堅持在上帝面前的獨特自我，超越理性追求自由與人性、探索存在，因此被視為二十世紀風行的存在主義鼻祖，廣為人知的著作有《憂懼的概念》（Begrebet Angest）、《致死的疾病》（Sygdommen til Døden）。易卜生格外知名的作品則有《培爾・金特》（Peer Gynt）和《玩偶之家》（Et dukkehjem），奠定了近代劇的形式。史特林堡也是近代劇的先驅，代表作有《紅房間》（Röda rummet）、《狂人辯詞》（Plädoyer eines Irren）。

因為有布蘭德斯和尼采，這些人的名字才會流傳全歐洲，乃至全世界。

這個時期，瑞典化學家兼企業家諾貝爾（Alfred Bernhard Nobel）也非常著名。他擁有矽藻土炸藥等三五〇種發明的專利，白手起家成為大富豪。在他去世後創設了知名的「諾貝爾獎」，後續會再詳細介紹。

世界聞名的童話作家

漢斯・安徒生

Hans Christian Andersen

（1805～1875）

創作出超過200篇童話的詩人

《賣火柴的小女孩》、《醜小鴨》、《人魚公主》的作者漢斯・安徒生，是丹麥出生的詩人兼童話作家。

安徒生來自鄉下的貧窮人家，父親從小就會為他朗讀阿拉伯故事集《一千零一夜》。儘管生活窮苦，他依然在溫暖的親情包圍下長大，這段經歷也啟蒙了他對創作的興趣。

安徒生在14歲那年前往首都哥本哈根，因為有善心人士資助學費而得以上大學。他在學期間發表的旅行手記廣受好評，便從此踏上作家之路，留下許多作品。

西元1956年，獎勵兒童文學創作的「國際安徒生大獎」成立，也曾有日本人得獎。

補充一下，安徒生這個名字在丹麥十分常見，所以若是沒有提到他的全名或是在前面加上縮寫「H.C.」，就無法確定是指稱這位作家。

chapter 6

摸索中立之道

芬蘭大罷工

俄羅斯和法國以德意志帝國為假想敵，於西元一八九四年成立同盟。在這之後，俄羅斯急需在軍事上統合芬蘭，於是沙皇尼古拉二世（Николай II）於西元一八九九年發表《二月宣言》，縮限芬蘭參議院（芬蘭大公國議會，相當於內閣、最高法院）的權限、在大公國的官方語言新增俄羅斯語，陸續實施各種俄羅斯化政策。此外，也改變了軍隊制度，芬蘭大公國的國民有義務受俄羅斯帝國徵召從軍。

軍隊制度的變革使芬蘭的年輕人挺身抗議，並組成好幾個反抗組織。起初，芬蘭國民是用辭去公務員職務、拒絕接受徵兵等比較保守的方式反抗俄羅斯化，但在西元一九〇四年日俄戰爭的戰況漸漸不利於俄羅斯之後，愈來愈多人使用激烈手段抵抗，導致同年發生了俄羅斯軍官總督射殺一般民眾的事件。

俄羅斯在日俄戰爭敗北後，國內發生多起罷工事件，這股浪潮也湧向芬蘭。西元一九〇五年十月末到十一月，芬蘭發起為期一週的大規模罷工，產業和公共設施全部停擺。罷工期間，芬蘭國民舉行了各種示威活動，要求俄羅斯改正對芬蘭的不當待遇、召開國民議會，並且在內政上脫離俄羅斯獨立。

尼古拉二世無法忽略輿論的壓力，只好表示《二月宣言》失效。西元一九〇七年，芬蘭成立近代的國民議會，取代既有的身分制議會。自此，雖然芬蘭仍斷斷續續實行俄羅斯化政策，不過這場大罷工提高了芬蘭國民的參政意識。

冰島自治

冰島在十四世紀末卡爾馬聯盟成立以後，一直都受到丹麥統治。到了十九世紀，哥本哈根大學的冰島學生約翰・西格松（Jón Sigurðsson）將浪漫民族主義的思想帶回祖國，使冰島的民族獨立趨勢開始升高。

西元一八四三年，重新召開西元一八〇〇年廢除的冰島議會。西元一八五四年，冰島撤廢丹麥商人的貿易特權，此後鱈魚和鯡魚的漁業盛況空前，經濟大幅成長。

到了西元一八七四年，以附屬於《丹麥憲法》的形式頒布了《冰島憲法》。其中明訂丹麥國王依然握有行政權，且有權否決冰島議會制定的法律，令冰島人大為不滿。然而冰島因此獲得一定程度的自治權，所以冰島人還是接受了這部新憲法。

瑞典－挪威聯盟瓦解

與此同時，挪威的獨立風潮也開始高漲。和瑞典組成共主邦聯的挪威，在憲法、議會等內政上雖然獨立，但外交與海外領事業務都由瑞典掌控。外交政策原本是由兩國各自的閣員組成的聯合會議來決定，然而瑞典在西元一八八五年修憲以後，只有瑞典單方面增加閣員人數，因而引發挪威的輿論反彈。

當時的挪威議會中，保守黨（挪威語意指右翼黨）主張在共主邦聯下要求權利對等，自由黨（挪威語意指左翼黨）則是主張外交、領事制度也要與瑞典分離。西元一八八四年自由黨首度執政，但因為對具體策略的意見相左，而分裂成穩健派與激進派。因此，十九世紀末到二十世紀初，挪威都是由這三個黨派交互執掌政權。直到西元一九〇五年，自由黨的米切爾森（Christian Michelsen）成立不分黨派的聯合政府，並在挪威議會通過法案，要設置挪威的獨立領事館。

然而，時任聯合國王的奧斯卡二世（Oscar II）拒絕簽署這份法案。米切爾森看穿國王無法再組新內閣，於是發起內閣總辭，並在挪威議會中決議「如果無法組成新內閣，瑞典國王將失去挪威國王的資格，共主邦聯將解體」。瑞典因此大為震驚，試圖用談判的方式解決，但未能如願。經過公民投票後，絕大多數挪威國民都支持解除共主邦聯。根據西元一九〇五年九月簽署的《卡爾斯塔德協定》，瑞典和挪威的共主邦聯正式結束。

值得一提的是，這場分裂獨立運動並沒有動用武力。因為俄羅斯在日俄戰爭中敗北，導致國際情勢動盪，不願節外生枝的列強施壓瑞典，才讓瑞典避免動用軍武。

此外，西元一八九三年挪威探險家南森（Fridtjof Nansen）成功探索北極，成為世界英雄而有強大影響力，因此他向國際社會訴求祖國獨立的行動也起了作用。

順便一提，南森於西元一八八八年成功以滑雪橫斷格陵蘭，這項壯舉帶動滑雪成為普及全世界的近代運動。滑雪的英文「ski」原本就起源於古諾斯語，意指「剖開的木板」，北歐人民自古用滑的方式在雪地上移動，衍生出滑雪這個運動項目。

和南森一樣是挪威探險家的羅阿爾・阿蒙森（Roald Amundsen），則是在西元一九一一年首度成功抵達南極。

北歐各國王室（19～20世紀）

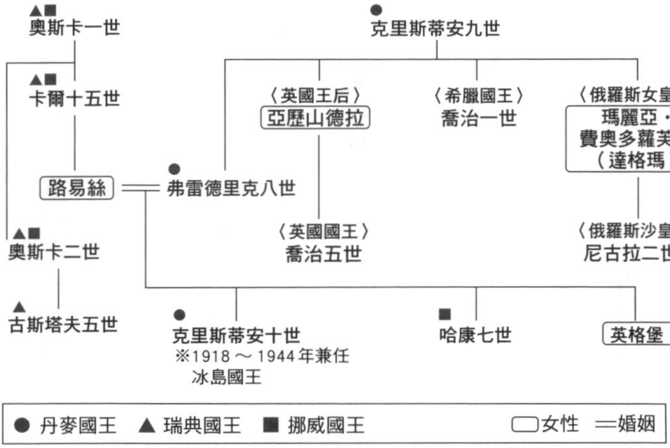

宣布解除邦聯後，挪威為了獲得君主制的歐洲各國支持而延續了君主制，傾向於選出新國王來取代瑞典國王。因此，政府擁立丹麥國王的孫子卡爾（Carl）即位。經過公投確定延續君主制後，卡爾成為挪威國王，名號是哈康七世（Haakon VII）。

哈康七世的妻子是英國國王愛德華七世（Edward VII）的女兒慕德（Maud），挪威也期望透過這層關係來獲得英國的後援。

小國中立的困境

丹麥與德國接壤，又位於波羅的海入口，因此經常捲入列強間的「角力之爭」。西元一八七五年以後，儘管左翼黨在議會裡占多數，但政權仍由以地主為中心組成的右翼黨執掌，首都周邊逐漸建設成軍事堡壘，因此遭到在野的左翼黨抨擊「這是白費工夫」。西元一九〇一年，勢力奠基於眾議院的左翼黨執政，實現了議會主義，這在丹麥史上稱作「體制變化」。

日俄戰爭時期，丹麥採取了中立的國際立場，但俄羅斯的波羅的海艦隊在通過丹麥的大貝爾特海峽（參照17

當時的日本

明治時代初期的1871年，岩倉具視率領遣歐美使節團（岩倉使節團）從日本出發，在1873年訪問丹麥。使節團的紀錄書《美歐回覽實記》中，對丹麥的描述是「歐洲能夠完全獨立的小國（中略）正是丹麥」。

頁地圖）時，是由丹麥人負責引航。英國和日本對此表達抗議，因此後來英國艦隊要航行波羅的海時，丹麥也以中立國的立場答應引航，結果沒有再引發抗議。

西元一八八〇年代以後，非武裝中立的外交路線一直備受討論，貫徹這個策略的激進左翼黨從第一次世界大戰發生前的西元一九〇九年開始，直到戰爭結束以前都在丹麥執政，因此才能在大戰期間保持中立。

第二次什勒斯維希戰爭後，什勒斯維希公爵領地割讓成為普魯士領土，不過丹麥國內卻傳出希望該領地北部的丹麥居民「回歸祖國」的聲浪。激進左翼黨政權為了避免德意志政府將這股聲浪解讀為反德情緒，而在德意志的雜誌上刊登一篇匿名官員的投書，文中指出「該意見僅限於愚昧或毫無影響力之人」。在戰火隨時可能在歐洲一觸即發的局勢下，這個行動充分顧慮了周邊各國的動向、表現出小國悍衛中立的堅忍意志。

瑞典的政治改革

十九世紀的瑞典，長期面臨自中世紀以來的身分制議會改革問題。此外，卡爾十五世的影響力因他對於丹麥政策的輕率處置（參照200頁）而每況愈下，推動政府掌握了改革的主導權，促使瑞典在西元一八六六年實現議會改革，身分制議會改成不分身分的兩院制議會。然而，新的議會制仍舊依個人資產和收入來賦予選舉權，有嚴重的階級差距，留下諸多問題。不過在新制度下，還是有許多農民當選為眾議院議員，得以訴求減輕農村在兵役和稅金上的負擔。

西元一八八〇年代，穀物價格下跌造成關稅問題，使瑞典政壇分裂成兩派。一派是大農民與製造業者為主的保護貿易派，主張提高關稅以保障國產品市場不受進口商品侵占；另一派是由小農民、酪農家、林業家以及都市勞工等組成的勢力，主張自由貿易。隨著雙方在議會上激烈衝突，修改不平等選舉制度、建立所有成年男性皆有參政權的普通選舉制，這些更迫切的問題也浮上台面。

同時，工業化使勞工人口增加，造成社會劇變，勞工開始團結起來要求改善待遇。西元一八七九年，瑞典北部城市松茲瓦爾就有大約七千名木材工廠工人發起罷工。西元一八八〇年代，裁縫師帕爾姆（August Palm）和新聞工作者布蘭廷（Karl Hjalmar Branting）等通曉社會主義理論的領導者，將工人運動組織成強大的派系，茁壯成政壇無法忽視的勢力。西元一八八九年，社會民主工人黨（俗稱社會民主黨）成立，布蘭廷於西元一八九六年成為第一個當選眾議員的黨員。

西元一八九〇年代自由主義者和社會民主黨合作推行普選運動，自主召開以普選為基礎的人民議會，試圖要求政府改革。雖然沒有成功，但社運造成的壓力使政府和議會的保守派終究接受了議會改革，於西元一九〇九年開始實施男性普選制。

歐洲首見的女性參政權

二十世紀以後，北歐各國紛紛實施新的議會制度和選舉制度。在這個過程中還開放了女性參政權，堪稱憲政史上的創舉。

前文提到，芬蘭因為大罷工而在西元一九〇六年決定召開近代化國會，會中承認二十四歲以上的男女都有選舉權和被選舉權。這是歐洲最早實現的女性參政權，包含被選舉權在內的完全參政權則是全球首見。

西元一九一三年挪威、西元一九一五年丹麥和冰島、西元一九二一年瑞典也都開放女性參與政治。但如果僅限於地方議會選舉，全世界最早開放女性參政權的是西元一九〇一年的挪威。

至於其他的歐洲主要國家，俄羅斯的蘇維埃政府於西元一九一七年、德國和英國於西元一九一八年、法國於西元一九四五年開放女性參政權（但德國和英國的女性是有限制的選舉權）。在選舉制度方面，北歐各國儼然是歐洲的先驅，從國內制度對國民需求的因應方式，可以看出小國特有的敏銳洞察力。

緊繃的國際關係

二十世紀初，歐洲大國之間關係十分緊繃。除了發生在歐洲的戰爭以外，工業革命以後歐洲列強爭相進軍海外，使歐洲的對立結構擴大到全世界。

英國在西元一九〇四年與法國簽署《英法協約》，西元一九〇七年又與俄羅斯簽署《英俄條約》。本章開頭也提過，俄羅斯和法國有同盟關係，於是英、法、俄便組成三國協約，主要目的是牽制德國。另一方面，西元一八七一年以普魯士王國為盟主成立的德意志帝國，於西元一八七九年以俄羅斯為假想敵、和奧匈帝國組成德奧同盟。西元一八八二年義大利加盟後，便形成三國同盟。

二十世紀初的歐洲便處於三國協約和三國同盟這兩大陣營一觸即發的狀態。對於這種國際結構，北歐各國基本上採取中立，並為了維持這個立場而煞費苦心。

芬蘭於西元一九〇九年後再度被迫推行俄羅斯化政策，國民的反俄情緒持續升溫。瑞典身為芬蘭鄰國，也必須嚴密關注此事。國內民眾十分戒備俄羅斯，因此輿論主張要爭取與俄羅斯為敵的德國支持。時任瑞典國王的古斯塔夫五世（Gustaf V）非常親近德國，但瑞典政府依然保持中立外交。而已經成為獨立國家的挪威，於西元一九〇七年和英、法、俄、德簽訂條約，得以保障挪威的永久和平與領土。

搖擺的北歐中立

西元一九一二年，瑞典斯德哥爾摩主辦了北歐第一場夏季奧林匹克運動會。但在閉幕式後，歐洲又再度籠罩在肅殺的氣氛之中。

西元一九一四年六月二十八日，奧匈帝國皇太子夫婦在訪問塞拉耶佛期間，遭到塞爾維亞青年槍殺。奧匈帝國因此向塞爾維亞宣戰，俄羅斯、德國、英國等列強也依據同盟關係相繼參戰。第一次世界大戰就此爆發，並逐漸演變成除了戰場的軍人之外，也動員了所有人民和資源的總體戰。

獲悉開戰的瑞典、挪威、丹麥再度重申中立立場。西元一九一四年十二月，三國國王（古斯塔夫五世、哈康七世、克里斯蒂安十世）在瑞典南部的馬爾摩會面，宣誓無論如何都不會涉入戰爭，此即《馬爾摩宣言》。

當時的日本

1912年在斯德哥爾摩舉辦的夏季奧運會當中，日本選手首度參賽，分別是馬拉松選手金栗四三和短跑選手三島彌彥。這場奧運閉幕後不久，日本明治天皇駕崩，明治時代結束，從此進入大正時代。

不過，實情並非如此。開戰後不久，德國就要求在丹麥的大貝爾特海峽，以及靠近瑞典的海峽附近海域鋪設水雷，以便阻止英國艦隊進入波羅的海。德國還暗示如果拒絕，就會逕自鋪設水雷攻擊丹麥，丹麥只能立即同意，瑞典也於西元一九一六年就範。

後來，德國通知各國從西元一九一七年二月起，將會無差別攻擊航行於北海與地中海指定航道以外的船舶，也就是採取無限制潛艇戰。這項作戰中損失最大的是以海運為主要產業的挪威，失去了將近一半的船隻，還有大約二千名船員喪生。

此外，西元一九一七年和一九一八年的歉收也讓中立國的立場岌岌可危。嚴重缺乏糧食的瑞典將自己的船舶借給三國協約陣營，交換條件是讓美國的糧食得以進口。此舉無疑是在挑釁德國。

當斯堪地那維亞三國苦於周旋在交戰國之間時，三位國王在西元一九一七年十一月於挪威的克里斯蒂安尼亞（一九二五年改名「奧斯陸」）會面，再度確定彼此的中立立場。雖然三國因鋪設水雷這類事件而間接涉入戰爭，但從來不曾回應交戰國的宣戰，最終成功撐到大戰結束。

芬蘭獨立與內戰

西元一九一七年一戰期間，俄羅斯發生二月革命。尼古拉二世退位、俄羅斯帝國滅亡，接續的十月革命中成立了蘇維埃政府（蘇俄）。同年十二月六日，芬蘭根據議會的決議宣布獨立，這天就是現在的芬蘭獨立紀念日。

蘇維埃政府的創立者列寧（Владимир Ильич Ленин）率領的布爾什維克黨，其中一個口號就是民族自決（讓民族自主決定民族未來），因此很快便承認了芬蘭獨立。於是，芬蘭經過瑞典、俄羅斯長達七百年以上的統治後，終於成功獨立。

然而，芬蘭國內對於獨立後的國家定位卻出現分歧，勞工階級希望和蘇維埃一樣發動社會主義革命。結果，以資本家為主的白衛隊（新政府陣營），和以勞工為中心的赤衛隊（革命軍），於西元一九一八年一月開始內戰。

起初占據優勢的是有蘇維埃政府支援的赤衛隊，不過五月有德國支援的白衛隊取得勝利後，十月德意志黑森公爵腓特烈・卡爾（Friedrich Karl）被推舉為芬蘭國王。但德國在第一次世界大戰敗北，他便在十二月辭任國王。按照翌年七月實施的新憲法，芬蘭成為共和國，選出了憲法起草人斯托爾貝里（Kaarlo Juho Ståhlberg）成為第一任芬蘭總統。

北部什勒斯維希回歸

大戰後成為焦點的北歐地區（1920年）

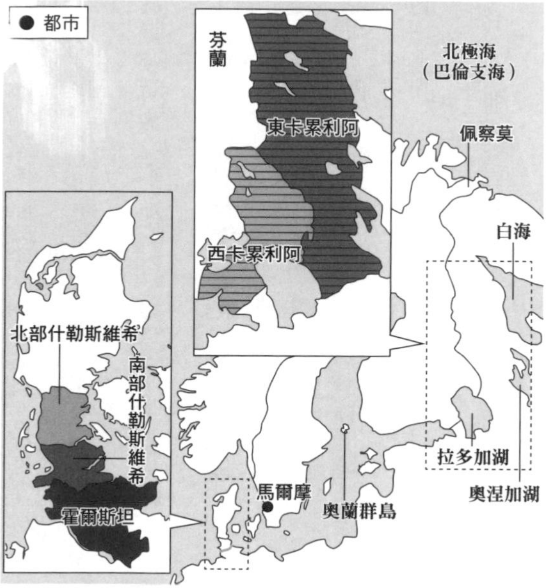

西元一九一八年十一月，第一次世界大戰以德國戰敗收場。丹麥政府認為德國戰敗是實現夙願的大好機會，可以依據北部什勒斯維希居民的意願、讓當地「回歸」丹麥。但是丹麥在大戰時期保持中立，沒有立場向交戰國傳達這個意願。因此，德意志帝國的丹麥裔居民表示希望回歸祖國，要求德國政府承認，並在戰後和談中提出這項議題。

於是，北部什勒斯維希根據《凡爾賽條約》，實施了決定地區歸屬的公民投票。負責處理新國境事務的丹麥歷史學家克勞森（Hans Victor Clausen），在公投前發行了手冊《面臨抉擇》，裡面寫道「己所不欲，勿施於人」，令當地多數德國人心生不滿，並事先表態拒絕成為丹麥國內的少數民族。

結果，西元一九二〇年六月，北部什勒斯維希確定併入丹麥，讓丹麥增加了約一成的國土面積、二十分之一的人口。自此，北歐的北側、東側（芬蘭獨立）及南側（北部什勒斯維希回歸後），都確定了新的邊界。

和平解決二場領土紛爭

在商討第一次世界大戰善後議題的巴黎和會中，有國家提議應當補償遭受德國無限制潛艇戰重創的挪威，因此位於斯堪地那維亞半島北方六五〇公里海面上的冷岸群島（參照15頁地圖），便成為挪威的新領土。

但是，該群島上藏有煤礦，過去包含挪威在內，許多國家都宣稱自己擁有主權，因此挪威必須符合兩個條件才能合法領有。一是該島需為永久非軍事區域；二是需允許簽署《斯瓦巴條約》的國家自由進出島上，從事經濟活動。

西元一九二〇年簽訂的《斯瓦巴條約》，包含日本在內最早有十四個國家加盟，如今加盟國已有四十個以上。群島中的斯匹茲卑爾根島現在是科學研究據點，在西元二〇〇八年設立了保存種子的「斯瓦爾巴全球種子庫」，以防農作物絕種。

瑞典和芬蘭也面臨島嶼歸屬問題。奧蘭群島（參照229頁地圖）上占多數的瑞典語系居民要求歸屬瑞典，但此事沒能成為巴黎和會的議題。最後根據國際聯盟於西元一九二一年的判決，奧蘭群島成為芬蘭領土，但擁有寬鬆自治權。解決這項議題的功臣，是當時的國際聯盟事務次長、肖像曾印在日本五千圓紙鈔上的新渡戶稻造。

除此之外，北極海上的揚馬延島（參照15頁地圖）主權，也於西元一九二一年由國際聯盟決定歸屬於挪威。這座島在十七世紀以前曾是荷蘭的捕鯨據點，但早已荒廢，直到西元一九二一年島上設立了挪威氣象觀測站後，從此便由挪威管轄。

芬蘭與東卡累利阿問題

芬蘭內陸也有領土爭議，是外交上最迫切的課題。俄羅斯領土卡累利阿（東卡累利阿）的居民卡累利阿人，在語言上比較接近芬蘭人。這裡也是芬蘭民族史詩《卡勒瓦拉》的收集地，被視為芬蘭文化的根源。

芬蘭內戰時期，白衛隊士兵曾遠征到此地，占領部分城市。當時的芬蘭政府試圖借助德意志帝國的力量併吞東卡累利阿，但因德國戰敗而受挫。之後在內戰中敗北的赤衛隊流亡到該地，使紛爭的火種不斷在東卡累利阿悶燒。芬蘭政府和蘇維埃政府針對國境爭議，從西元一九二〇年六月開始在愛沙尼亞的城市塔爾圖展開談判。

蘇俄允諾維持自西元一八一二年以來在卡累利阿的國界，並割讓通往北極海的出口佩察莫（現今俄羅斯西北部的佩琴加），讓流亡到東卡累利阿的芬蘭人擁有自治權，藉此主張領土問題已解決。芬蘭也同意這些條件，雙方便在十月簽訂《塔爾圖和約》。然而，蘇維埃政府卻在西元一九二一年於東卡累利阿實施蘇維埃制，廢除自治權。芬蘭對此表示抗議，兩國從此留下心結。

承認冰島的主權

西元一八七四年，冰島頒布憲法，獲得一定的自治權，但宗主國丹麥的權限依然很大，因此國內強烈要求擴大行政權。

丹麥改由左翼黨執政後，接受了冰島的訴求，並於西元一九〇四年廢除總督一職。哥本哈根大學畢業的冰島人漢內斯・哈夫斯泰因（Hannes Hafstein）成為冰島的第一任總理，當時的自治政府也從丹麥哥本哈根遷到冰島的雷克雅維克。這代表冰島獲得了名符其實的自治權。

雖然冰島的獨立運動曾一度沒落，但在第一次世界大戰中，海上封鎖切斷了冰島與丹麥的交通，此事再次喚醒了冰島人的獨立意識。冰島從西元一九一七年開始，便向激進左翼黨政府執政的丹麥爭取獨立。在當時歐洲風行的民族自決原則推波助瀾之下，雙方於西元一九一八年簽訂新的《邦聯條約》，成立以丹麥國王克里斯蒂安十世為君主的共主邦聯，擁有主權和獨立的「冰島王國」就此誕生。而這份條約的有限期限是到西元一九四三年，為期二十五年。

國際聯盟下的北歐各國

西元一九二〇年一月，維持第一次世界大戰後和平的國際聯盟成立，斯堪地那維亞三國皆為成員國。雖然三國在大戰中採取中立，使國內的保守派反對加入國聯，但三國都深知要靠一己之力貫徹中立有多麼艱難，在國際機構之下確立集體安全保障制度，才能真正維持秩序。

在各國致力實現國際和平的過程中，最注重的就是縮減軍備。瑞典主張國際和平最重要的是裁軍，以及國際調停和仲裁的程序。透過挪威歷史學家朗格（Christian Lous Lange）主導的裁軍委員會，批評英國加強軍備的行為。

於是，國際聯盟在西元一九二二年成立特別裁軍局、西元一九二五年成立特別裁軍委員會，而這些都是由北歐各國主導。

西元一九二六年，德國（德意志帝國瓦解後成立的威瑪共和國）加入國聯，成功回歸國際社會（後來成為常任理事國）。雖然仍有國家表示反對，但這是瑞典不惜放棄非常任理事國的資格，也要幫助德國加盟的結果。

西元一九三〇年，歐洲內的小國比利時、荷蘭、盧森堡和斯堪地那維亞三國組成「奧斯陸集團」，強化國聯內外的合作，旨在促進自由貿易。芬蘭在西元一九三二年也成為該集團的準成員國。

波羅的海中立化構想

第一次世界大戰前的波羅的海地區，在強國德意志和俄羅斯互相牽制下才得以維持秩序。然而，戰後德國因戰敗被迫解除軍備，俄羅斯也因內戰而逐漸衰退，波羅的海地區必須建立起新的秩序。

話雖如此，蘇俄與其他波羅的海周邊各國相比無疑是強國。對芬蘭、愛沙尼亞、拉脫維亞等國界與蘇俄相鄰的國家來說，面對未加入國聯的蘇俄，保障國家安全是最重大的議題。而他們想出的具體策略，就是由芬蘭提倡的「波羅的海中立化構想」，讓波羅的海周邊各國組成中立同盟。

這個構想是否能成功，取決於英國和法國的意見。想要牽制德國的法國並不指望蘇俄勢力衰退，所以不看好波羅的海沿岸各國的合作；英國則是不希望蘇俄擴張勢力，所以非常樂見波羅的海沿岸各國自立自強。然而，這個中立的構想卻得不到英國和瑞典的支持，以失敗收場。

之後，波羅的海沿岸各國又提出包含波蘭的防衛同盟構想，但因為相關國家的步調並不一致，最終仍沒有實現。結果，西元一九二二年成立的蘇維埃聯邦在西元一九三四年加入國際聯盟，此後的安全保障便可委任聯盟處理。

遭遇經濟大蕭條的北歐

西元一九二九年十月二十四日，美國紐約股票市場的股價暴跌，引發席卷全世界的經濟大蕭條，北歐也沒能逃過這股不景氣的浪潮。

北歐農業人口比例偏高，勞工失業加上農民受到的影響甚鉅，導致民眾開始對城市的勞工運動反感，並敵視農產品出口的競爭國家，將矛頭指向海外進口商品。

丹麥的主要產業是酪農業，但市面上也有從紐西蘭進口的便宜奶油，因此國內業者要求政府立法優待國產品；而挪威因木材價格下跌，深受打擊的農民與勞運人士爆發衝突、妨礙罷工進行，當時執政的農民黨政府甚至出動軍隊對勞工運動施壓。

抵制海外產品、打壓勞工運動，都代表社會開始右傾（趨向保守）。這個傾向在芬蘭格外明顯，在一座名為拉普阿的農村，還發生了農民襲擊共產黨集會的事件。

這場「拉普阿運動」從此蔓延到全國，逐漸顯現出源自義大利極右翼法西斯黨的法西斯主義（非民主的獨裁政治立場）特性。之後，芬蘭在當選的右派政府帶領下開始打壓共產黨議員，並實施反共法。

福利國家的萌芽

進入西元一九三〇年後半，經濟逐漸有起色，政治再度回歸穩定。北歐各國因右傾化的反動，革新政黨紛紛取得政權，開始推動影響到現代的福利政策。

首先是丹麥領頭，西元一九三三年帶領社會民主黨政府的首相斯陶寧（Thorvald Stauning）與友好的左翼政黨簽訂《坎斯勒加德協議》，承諾將貨幣貶值百分之十、以便在國際市場中保護國產品，並擴大勞工的社會保障制度，從社會改革面奠定現代福利政策的基礎。而在西元一九二四年發跡的第一個社會民主黨政府，還延攬女議員妮娜・邦（Nina Bang）入閣擔任文教大臣，是世界首見的女性閣員。

瑞典於西元一九三二年誕生了由漢森（Per Albin Hansson）首相帶領的社會民主工人黨政府，西元一九三六年與農民黨建立聯合內閣。口號是建立以國為家、國民即家人的「人民之家」，目標是實現人人平等、全體國民都能享有幸福的社會。

挪威也在工黨政府帶領下，以「公平分配」的理念成立《勞工保護法》。

西元一九三〇年代，歐洲出現批判法西斯的風潮，芬蘭的拉普阿運動平息。之後芬蘭回到正軌，開始追求尊重人權和民主的政治，在民族進步黨、農民聯盟、社會民主黨於西元一九三七年聯合成立的「紅綠政權」主導下，逐步建設起福利國家。

活在近代國家的薩米人

這裡來稍微介紹一下薩米人（參照87頁）的歷史。

薩米人除了飼養和遊牧馴鹿，還從事狩獵、漁業，依地區有不同的生活型態。各王國對他們居住的斯堪地那維亞半島北部的統治較為鬆散，在西元一七五一年瑞典和挪威劃分國界時，薩米人也獲准跨越邊境遊牧馴鹿。

但是到了十九世紀以後，基於近代國家應擁有相同社會和文化的觀點，以及用「種族」分類的思想，各國輕視薩米人文化的傾向愈來愈強。挪威在西元一八九八年到一九五九年曾禁止學校使用薩米語，採取嚴厲的「同化政策」；瑞典則是相反，將薩米人視為未開化的純真遊牧民族，採取與瑞典文化分割的「分離政策」，但同樣沒有尊重薩米人自身的權利和身分。

第二次世界大戰過後，薩米人強烈意識到自己是一支原住民族，於是在西元一九五六年創立跨越國境的「北歐薩米理事會」，現在他們的文化已經獲得多數派社會的尊重。

創立諾貝爾獎

209頁介紹過的阿弗雷德・諾貝爾，於西元一八九六年病逝。他發明的矽藻土炸藥被用於戰爭中，導致許多人痛罵他是「軍火商」。諾貝爾十分在意自己死後的評價，希望將自己的遺產捐贈給對人類發展有重大貢獻的各國人士，因此後人根據他的遺言創立了「諾貝爾獎」。其遺囑裡提到的獎項有物理學獎、化學獎、生理醫學獎、文學獎、和平獎共五項，第一屆頒獎典禮於西元一九〇一年舉行。戰後的西元一九六八年，為紀念瑞典銀行成立三百週年，又新增了經濟學獎。

諾貝爾還指定了每個獎項的評審機構，物理學獎和化學獎是由瑞典皇家科學院頒發，生理醫學獎由瑞典的卡羅林斯卡學院頒發，文學獎由瑞典學院頒發，和平獎由挪威議會指派五名代表組成的委員會頒發。諾貝爾並沒有解釋為何只有和平獎交由挪威決定，推測可能是為了向曾與瑞典組成共主邦聯的挪威致敬。

活躍於二十世紀上半葉的北歐人

在二十世紀上半葉的北歐，出現了許多舉世聞名的科學家和藝術家。學術領域上，最活躍的是丹麥理論物理學家波耳（Niels Bohr）。波耳於西元一九一三年構思出新的原子模型，取代過去用量子力學建立的拉塞福模型，因而在西元一九二二年榮獲諾貝爾物理學獎。波耳最著名的事還有和年長六歲的物理學家愛因斯坦（Albert Einstein）互相競爭，也有「量子力學之父」的美譽。

音樂領域上，丹麥作曲家尼爾森（Carl Nielsen）創作了交響曲第一～六號、歌劇《化裝舞會》等作品。他是丹麥在全球引以為傲的作曲家，過去發行的丹麥一百克朗紙鈔上，還曾經印有尼爾森的肖像。

秘密專欄

北歐的十字國旗

丹麥旗幟是一切的原點

北歐各國的國旗都使用了十字，這個十字稱作「斯堪地那維亞十字」或「北歐十字」，最早起源於十三世紀。

60頁也提過，十三世紀的北歐各國國王為了擴張基督教的傳教區域和領地，發起了北方十字軍遠征。時任丹麥國王的瓦爾德馬二世於西元一二一九年進攻愛沙尼亞時，據說曾有紅底白十字旗從天而降，於是丹麥便依照這段傳聞製作了旗幟。

十四世紀末成立的卡爾馬聯盟，使用了黃底紅十字旗。瑞典率先脫離聯盟後，自行改用藍底黃十字旗，以表達對抗丹麥的意志。不過，瑞典是在十二世紀中葉開始使用這面旗

丹麥

- 一八五四年正式制定為國旗
- 紅底配白十字。又稱作「Dannebrog」，意指「紅旗」

冰島

- 一九一五年仍屬於丹麥時制定（一九四四年獨立時制定為國旗）
- 藍底配白邊紅十字

挪威

- 一八二一年制定（一八九八年前包含共主邦聯徽章）
- 紅底配白邊藍十字

瑞典

- 一九〇六年正式制定為國旗
- 藍底配金（黃）十字
- 又稱作「金十字旗」

芬蘭

- 一九一八年制定為國旗
- 白底配藍十字
- 又稱作「藍十字旗」

幟，比丹麥更早，相傳是起源於當時的瑞典國王艾瑞克九世在天空中看見閃耀的黃金十字。

挪威、冰島、芬蘭在制定各自的旗幟時，也都採用了北歐共通的十字標誌。

北歐的自治領地法羅群島、奧蘭群島都有各自的斯堪地那維亞十字旗，希望與北歐理事會建立緊密關係的蘇格蘭昔得蘭群島、奧克尼群島也都使用這個設計的旗幟。不過，唯有格陵蘭的旗幟是採用太陽從冰蓋升起的圖案。

芬蘭的國民作曲家

西貝流士

Jean Sibelius

（1865～1957）

《芬蘭頌》的創作者

忠心愛國的西貝流士所編寫的樂曲當中，有不少作品會令人想起芬蘭壯闊的大自然。其中的代表作，就是交響詩《芬蘭頌》（1899年），如今它的別名又叫作「第二國歌」。

《芬蘭頌》作曲當時，芬蘭是俄羅斯帝國內的大公國，這首樂曲激勵人民勇敢追求祖國獨立，大幅提高了芬蘭人的民族意識。但是，據説西貝流士本人很討厭別人隨意想像解讀出的作品意境，所以晚年餘生三十多年都不曾再創作。

除了《芬蘭頌》以外，西貝流士還以對芬蘭人意義重大的《卡勒瓦拉》（參照184頁）為題材來作曲，至今仍是深受景仰的國民藝術家。

chapter 7

第二次世界大戰

再度逼近北歐的大戰煙硝

西元一九二九年，美國股市的股價暴跌造成經濟大蕭條，據說全世界的GDP（國內生產毛額）下降了百分之十五，總計有數千萬人失業。

面臨這場前所未有的大混亂，英國和法國實施集團經濟，將本國和殖民地以外的產品排拒在市場之外，藉此穩定經濟。

另一方面，德國希特勒（Adolf Hitler）率領的國家社會主義德意志勞工黨（納粹黨）深受年輕人和失業人士支持，該黨於西元一九三三年執政，西元一九三五年實現完全就業。然而，德國違背《凡爾賽條約》的軍備限制規範，翌年派兵進駐非軍事地區萊茵蘭，開始向周邊各國擴張領土。

國際聯盟針對德國這一連串的動向，採取了經濟和軍事制裁，但常任理事國英國和法國擔心會再度引發大戰，於是默許德國的侵略行動。國際聯盟作為維護和平的機構，已經失去根本的原則。前面提過，北歐各國在國際聯盟內組成奧斯陸集團。西元一九三六年，北歐國家以奧斯陸集團的名義，訂立國際聯盟規章第十六條，保留制裁侵略國的義務，目的是放棄國聯提供的集團安全保障體制、回歸中立路線。

芬蘭VS蘇聯

北歐四國基於丹麥和挪威對德國的戒備，以及芬蘭對蘇聯的疑慮，而試圖回歸第一次世界大戰時的中立。以軍備較為充足的瑞典軍事力量為前提，將波羅的海上的奧蘭群島（參照229頁）作為堡壘，組成中立同盟。

姑且不論北歐四國的考量，當時的蘇聯認為德國十分危險，為鞏固防守繼首都莫斯科之後的第二大城列寧格勒（現今的聖彼得堡），而考慮和北歐各國結盟。因此，蘇聯向芬蘭政府提議合作，將奧蘭群島建設成軍事要塞。但當時芬蘭的卡揚德（Aimo Kaarlo Cajander）政府認為此舉會破壞本國的中立和主權，而拒絕了蘇聯。兩國的關係從此惡化，蘇聯開始強力反對北歐四國在奧蘭群島建設堡壘。

西元一九三九年九月一日，德國侵略波蘭，開啟了第二次世界大戰。與德國簽訂密約的蘇聯在開戰後不久，便占領了波蘭的東半部，並掌控波羅的海三國的愛沙尼亞、拉脫維亞、立陶宛。此外，蘇聯也預設德國可能會經過芬蘭進攻蘇聯，於是要求芬蘭割讓邊界一帶的領土，因為蘇聯和芬蘭的邊界距離列寧格勒僅僅只有三十二公里。

芬蘭政府拒絕割土的要求後，同年十一月末，蘇聯動員大軍開始進攻芬蘭。芬蘭的卡揚德內閣總辭，在新總理呂蒂（Risto Heikki Ryti，一九四〇年就任為總統）的帶領下，組成國民團結政府。

雖然蘇聯的軍事實力大勝，但芬蘭軍的游擊戰術仍重創了蘇聯軍。開戰後不久，蘇聯就遭到國際聯盟開除。當時的國際輿論也助了芬蘭一臂之力，英國和法國出兵援助芬蘭，讓蘇聯只能休戰。這場持續到翌年二月的蘇聯與芬蘭戰爭，又稱作「冬季戰爭」。

德軍入侵丹麥

即使德國侵略波蘭、蘇聯進攻芬蘭，斯堪地那維亞三國依然保持中立。但是在大戰爆發半年後的西元一九四〇年四月九日，德軍卻開始攻打丹麥和挪威。這場威悉演習行動的最終目標，就是要占領挪威。由於挪威擁有瑞典鐵礦的出口港，只要占領這裡，德軍就能輕易派出空軍和海軍攻擊英國本土。而要攻進挪威，則必須先經過丹麥，所以德軍才會一併進攻丹麥。

丹麥和德國曾在西元一九三九年簽署《互不侵犯條約》，因此丹麥政府難以置信德軍居然毀約。時任丹麥國王的克里斯蒂安十世（Christian X）和政府為了避免國民傷亡，在德軍進攻數小時後即投降。

挪威政府流亡倫敦

德軍對挪威的攻勢，和丹麥同樣於西元一九四〇年四月九日發動。在奧斯陸峽灣的戰鬥中，挪威軍占優勢，趁著阻擋德軍期間，讓挪威國王哈康七世與政府首腦從奧斯陸疏散到內陸地區。

哈康七世是克里斯蒂安十世的弟弟，亡妻是英國國王喬治六世的姑姑。他在這場納粹侵略中奮力抗戰，被奉為挪威英雄，其半生的經歷在西元二〇一六年還改編成電影《國王的抉擇》。哈康七世帶領的挪威軍士氣高昂，雖然南部很早就淪陷，但北部在英國援軍的幫助下，耗時二個月終於阻止了德軍侵略的腳步。

然而不久後，英軍就從挪威撤退了。當時在法國等國組成的西部戰線中，德軍占了上風，英國必須讓軍隊撤退回國、重整架勢。如此一來，光靠挪威軍根本無法抵禦德軍，哈康七世和政府首腦在六月流亡到英國，此後都從倫敦指揮抵抗運動。

國王流亡海外後，挪威國內極右翼的全國集會黨代表奎斯林（Vidkun Quisling）當選為總理。奎斯林是熱忱的納粹主義（納粹黨的政治理念，法西斯主義的一種型態）信徒，二年後他被占領當局任命為總理，但實際上是納粹德國的傀儡。

占領當局將納粹支持者送進挪威的政治行政組織和軍隊中樞，企圖讓挪威納粹化，但未受到國民支持。民間以教會組織、工會、體操聯盟這類運動團體為中心，形成了抵抗運動組織。

芬蘭的「繼續戰爭」

根據冬季戰爭的休戰條件，芬蘭必須將以卡累利阿地峽為主的十分之一領土割讓給蘇聯，並讓蘇聯軍駐紮在赫爾辛基西方約一百公里處的漢科角。蘇聯要求芬蘭政府允許蘇聯軍通過芬蘭境內、前往這座基地，更加深了芬蘭國內對蘇聯的憂慮。與此同時，占領挪威的德國也以聯絡本國為名目，要求芬蘭政府讓軍隊通過芬蘭境內。芬蘭政府與德國簽訂密約，接受了這個要求。

西元一九四一年六月，德國和蘇聯爆發德蘇戰爭後，蘇聯以芬蘭開放德軍駐紮為由空襲芬蘭。芬蘭挺身應戰，同月爆發第二次蘇芬戰爭。對芬蘭政府來說，這一戰是為了奪回在冬季戰爭的失土，與納粹德國的德蘇戰爭是兩件事。因此這場從冬季戰爭延續下來的戰爭，就稱作「繼續戰爭」。

芬蘭政府再三強調繼續戰爭與德國無關，但是就結果來說還是對德國有利，所以英國要求芬蘭政府及早休戰。然而，不願放棄收復失土的芬蘭政府拒絕了英國的請求，導致英國向芬蘭宣戰。之後，蘇聯在紛爭地卡累利阿展開反攻，西元一九四四年九月芬蘭不得不休戰。自此，芬蘭與蘇聯的國界就維持在冬季戰爭講和的狀態，這也意味著芬蘭敗給了同盟國。

割讓給蘇聯的土地

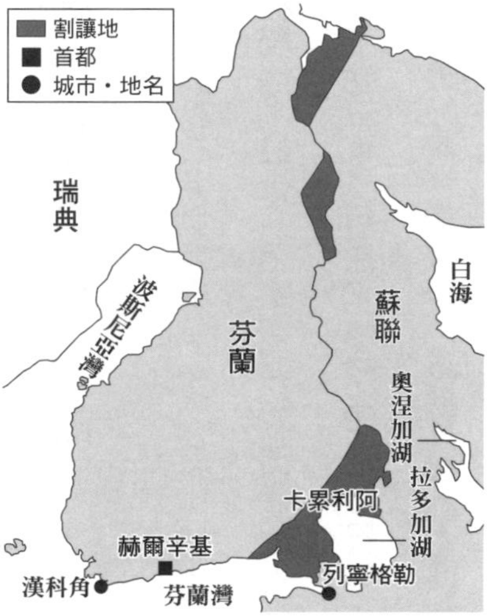

在休戰後的西元一九四四年八月，呂蒂辭去總統一職，由內戰到繼續戰爭期間指揮芬蘭軍的最高司令官曼納海姆（Carl Gustaf Emil Mannerheim）接任，為戰後的混亂善後。

挪威・丹麥的抵抗運動

挪威的抵抗運動組織是以人民為主體，用抵制活動、曠職、書面抗議等手法反抗納粹統治，最後甚至明顯開始動用武力進行破壞。西元一九四三年以後，挪威國內創立了地下軍事組織米洛格（MILORG），和一般人民的抵抗組織、流亡政府或同盟國各國的司令部合作，讓抵抗運動愈演愈烈。如今米洛格依然常常被列舉為抵抗運動的成功典範。

哈康七世具有領袖魅力，加上挪威有漁業和海運奠定的經濟基礎，所以流亡政府在同盟國內仍是相當醒目的挪威正統政府。而流亡政府和米洛格之間有著根深蒂固的信賴關係，讓抵抗運動能夠受到控制。

不過，對於戰後新秩序的觀點，雙方還是產生了歧異。流亡政府著重於和美國、英國等西方各國之間的關係，但挪威國內的抵抗組織著重於和北歐各國及蘇聯的友好關係。這個路線上的對立，成為挪威從德國解放後的大選勝負關鍵。

另一方面，丹麥的國土狹小又平坦，國王和政府趁亂逃亡，毫不遲疑地流亡國外，丹麥沒多久便遭到德國占領。希特勒因為丹麥政府當機立斷，而承諾不干涉其內政，在形式上維持丹麥的獨立。

德國駐軍丹麥並不是為了占領，而是保護，對丹麥實施的占領政策比其他國家要寬容許多，也允許納粹黨以外的政黨活動。西元一九四一年，丹麥加入反共產國際協定（對抗共產主義的協定），在德國與蘇聯對立的結構下協助德國。

然而，克里斯蒂安十世從德軍占領丹麥翌日起，便以將近七十歲的高齡，每天獨自在哥本哈根街頭散步，想讓人民瞭解國家的狀況與占領前無異。人民從國王的表現中感受到他對德國無言的抗議，因而產生了勇氣。

不僅如此，克里斯蒂安十世在七十二歲生日接到希特勒的賀電時，也只是平淡地回覆「非常感謝」。克里斯蒂安十世的反應令希特勒怒不可遏，導致德國對丹麥的打壓愈來愈強烈。

丹麥國民對德國的抵抗運動，除了非法組織的共產黨以外，幾乎都在合法的範圍內進行。

但是到了西元一九四三年，德軍在蘇聯的史達林格勒（現今俄羅斯南部的伏爾加格勒）戰役中敗北。傳來蘇聯在東

部戰線開始反攻的情報後，丹麥國內的抵抗運動變得更加激烈。德國要求丹麥政府禁止人民罷工，時任首相的史卡維尼斯（Erik Scavenius）不僅拒絕，還率領內閣總辭。於是德國在西元一九四三年八月二十九日頒布國家緊急命令，丹麥軍隊和警察解除武裝、編入德國軍政之下。

在這個時候，丹麥人民已經不相信德國會贏得戰爭了。同年九月，分布全國各地的抵抗組織整合成「自由議會」，抵抗運動擴大到全國。德國的祕密警察陸續逮捕、處死抵抗組織的成員，但丹麥人仍不屈服。抵抗組織接受英國支援，帶著武器攻擊、炸毀協助德國的企業和工廠，讓抵抗運動白熱化。

當時的丹麥有數千名猶太居民，德國原本預計在十月將他們全數逮捕，但由於消息提前走漏，讓大多數猶太裔人民在抵抗組織的引導下得以逃到中立國瑞典。

雖然這也與德國占領丹麥後並未干涉內政有關，不過與其他國家相比，丹麥的猶太人居民在戰後存活的比例非常高。

西元一九四四年六月，同盟國發起諾曼第登陸戰。翌年五月七日，德國投降。占領丹麥的德軍在二天前就已向英軍投降，丹麥以自由議會為中心成立解放政府。這次戰爭中，同盟國十分肯定丹麥對德國的抵抗運動，因此將原則上中立的丹麥視為同盟國的一員。

瑞典與交戰國棘手的關係

位於歐洲大陸的北歐四國雖然有程度上的差距，但是彼此都是一體同心。其中只有瑞典沒有受到他國侵略，卻也因為中立國的身分而苦於應對戰爭當事國。

例如：當蘇聯和芬蘭爆發冬季戰爭時，身為芬蘭鄰國的瑞典也無法隔岸觀火。芬蘭是同袍，但瑞典政府必須避免與蘇聯交惡，因此經過深思熟慮後，瑞典採取的不是「中立」而是「不交戰」立場。非交戰國並不會直接參戰，但會支援交戰國。因此在冬季戰爭中，瑞典沒有派出正規軍，而是以義勇軍自主為芬蘭助陣。

之後，德國進攻挪威和丹麥時，瑞典依舊重申中立的立場。但是在兩國遭到占領後，瑞典便難以拒絕德國提出的援助要求。德國與蘇聯之間開啟戰端後，瑞典才答應讓德軍通過境內。另一方面，瑞典也多方支援遭到德國占領的挪威和丹麥。

隨著戰事演變，眼見德軍因德蘇戰爭敗北而逐漸露出敗象，瑞典便取消了德軍通行境內的許可，反而對同盟國提出的要求讓步。

瑞典政府的立場或許很投機取巧，但這也是為了悍衛人民的生命與國家獨立所做的妥協。當時的瑞典國民都深深體會到這一點，所以作為國民團結政府核心的社會民主黨，支持率竟突破了五成。

拯救猶太人的瑞典人

前面談過丹麥的猶太居民獲救的原委，而瑞典也有毅然對抗德國反猶太政策的外交官，他就是瓦倫堡（Raoul Gustaf Wallenberg）。

瓦倫堡原本是一名企業家，在工作上與許多猶太人互有往來。西元一九四四年，在美國主導下成立了救濟猶太人的戰時難民事務委員會，中立國瑞典也協助救濟、讓瓦倫堡擔任外交官並派駐到匈牙利。

當時的匈牙利是由親納粹政府執政，國內許多猶太人都被送到集中營。瓦倫堡冒險將保護護照發給這些猶太人、為他們提供瑞典政府的庇護。

德國在德蘇戰爭敗北後，蘇聯解放了匈牙利首都布達佩斯。瓦倫堡前往蘇聯軍事司令部，欲討論今後的猶太人保護措施，卻從此下落不明。據說蘇聯懷疑他是美國間諜而拘捕他，讓他最後在獄中病逝，但真相至今依舊不明。瑞典政府直到西元二〇一六年，才正式認定瓦倫堡已死亡。

冰島解除共主邦聯

冰島雖然與歐洲大陸分離，卻也無法置身於大戰之外。不過，相較於其他北歐國家主要是受到德國威脅，冰島則是遭到同盟國軍占領。

與丹麥是共主邦聯的冰島，於西元一九一八年宣布在戰爭時保持中立。但國際上並不承認自治國的中立宣言，因此在第二次大戰爆發後的西元一九四〇年五月，英軍占領了冰島。之後根據同盟國的內部協調，由美國接替占領。美國在冰島境內闢建機場，拉近了原本是座孤島的冰島與國際社會的關係。

由於當時冰島的宗主國丹麥遭到德國占領，因此在西元一九一八年簽訂的《邦聯條約》無法更新（參照234頁）。冰島國內開始逐漸傾向獨立。經過公投後，冰島在西元一九四四年六月十六日宣布解除共主邦聯，十七日實施冰島共和國的新憲法。自十三世紀以來，冰島經過挪威、丹麥的統治後，終於正式獨立。六月十七日被定為獨立紀念日，也是冰島的國定假日。在戰爭時期的獨立紀念典禮上，由於天氣資訊會影響到作戰，因此當時是用「天空落下（歡喜的）淚水」來比喻雨天，透過廣播將實況傳給丹麥。

北歐孕育的世界巨星

二十世紀出現了全新的電影文化，是個締造繁榮的時

當時的日本

在冰島獨立的1944年6月，美軍登陸太平洋上的塞班島，設置空襲用軍事基地。從此直到戰爭結束以前，美軍轟炸機都會從塞班島出擊，轟炸日本各個城市。另外，日本是在1956年與冰島建交。

代，北歐也孕育出不少知名導演和演員。

丹麥電影導演德萊葉（Carl Theodor Dreyer），執導過許多用影像表現人類精神的實驗作品，代表作有描寫法國英雄聖女貞德內心的《聖女貞德蒙難記》和《諾言》。瑞典導演柏格曼（Ernst Ingmar Bergman）是代表二十世紀的國際名導，《處女之泉》、《猶在鏡中》等作品都曾榮獲奧斯卡金像獎最佳外語片。

同為瑞典出身的女演員葛麗泰・嘉寶（Greta Garbo）是戰前影壇的巨星。她在好萊塢出道後，主演了《安娜・卡列尼娜》、《茶花女》等電影，三度提名奧斯卡最佳女主角獎。日本女歌手松任谷由實在作詞作曲時會使用筆名「吳田輕穗」，該名字的讀音「Kureda Karuho」就是致敬葛麗泰・嘉寶。

耐人尋味的北歐偉人⑦

象徵主義的代表畫家

孟克

Edvard Munch

（1863～1944）

描繪潛藏在內心深處的焦慮和恐懼

提到挪威的畫家，就一定會想到孟克。肯定每個人都看過他的代表作《吶喊》，就是那幅用染紅的天空表現「大自然的怒吼」、令人恐懼到掩住雙耳的名畫。

孟克從小就立志當畫家，就讀克里斯蒂安尼亞的藝術學院，20歲時開始與名為克里斯蒂安尼亞・波希米亞的激進藝術家團體交流，奠定其揭露自我內在的畫風。這也與他的父親是醫師、多次目睹親人死亡的經歷有關，疾病與死亡、焦慮和恐懼這些精神層面都反映在他的作品中。

除了《吶喊》以外，孟克還創作了《青春期》、《病童》等許多令人印象深刻的作品。他在美術史上歸類為象徵主義，對後來的超現實主義帶來深刻影響。

chapter 8

國際社會的先鋒

北歐各國加盟聯合國

西元一九四五年六月，歐洲戰爭結束後成立了聯合國，當時加盟國（創始會員）多達五十一國。北歐的挪威和丹麥都是創始會員，瑞典和冰島在西元一九四六年、芬蘭在西元一九五五年加入。原加盟國幾乎都是戰時同盟國陣營。挪威和丹麥雖為中立國，但是對德國的抵抗運動受到同盟國肯定，因而獲准在聯合國發跡時加入。

西元一九四六年，挪威的賴伊（Trygve Halvdan Lie）當選為首任聯合國祕書長。賴伊在大戰時期的流亡政府裡擔任外交大臣，深受美國、英國、蘇聯的信任。

西元一九五三年，瑞典的財政外交官員哈瑪紹（Dag Hammarskjöld）成為第二任祕書長。哈馬紹致力於加強聯合國機能，於西元一九六一年獲頒諾貝爾和平獎，但他本人並沒有參加頒獎典禮。因為他在同年九月搭乘聯合國包機前往協調非洲剛果的動亂途中，遭遇原因不明的墜機事故而亡。

東西陣營與北歐

美國和蘇聯在聯合國的成立上原本步調一致，但後來對立卻逐漸加深。蘇聯為了增加更多社會主義國家，促使波蘭、羅馬尼亞、匈牙利等國建立社會主義政府。

美國總統杜魯門（Harry S. Truman）唯恐社會主義勢力擴大，於西元一九四七年三月發表《杜魯門主義》作為抵禦手段。具體來說，就是對蘇聯企圖染指的希臘和土耳其提供軍事、經濟上的援助。因為他認為經濟貧困是造就社會主義的根源。

主張復興歐洲的美國在同年六月發表《馬歇爾計畫》，目的也是要將社會主義斬草除根。但以蘇聯為中心的東歐各國拒絕接受《馬歇爾計畫》。另一方面，芬蘭以外的北歐四國最後都加入了《馬歇爾計畫》。

芬蘭最注重的是修復與蘇聯的關係，落實西元一九四四年與蘇聯簽訂的休戰協定，認為這才是贏得國際社會信賴的最佳策略。在蘇聯的要求下，芬蘭失去十分之一的國土，另外還有賠款、將政府要員列為戰犯而加以審判和處罰、削減軍備等等。由於芬蘭並未接受《馬歇爾計畫》，所以負擔非常沉重，不過政府仍然一一履行諾言。此外，芬蘭政府為了支付賠款而培育重工業，後續面向蘇聯、東歐市場的工業產品出口貿易即成為芬蘭的經濟支柱。

美蘇對立情況，使世界分裂成以蘇聯為盟主的社會主義（東側）陣營，以及美國為盟主的自由主義（西側）陣營，形成「冷戰」的局面。

西元一九四七年，蘇聯與東歐各國的共產黨組成共產黨和工人黨情報局，加強彼此聯繫。西元一九四八年，蘇聯向芬蘭提議建立和東歐各國一樣的《友好合作互助條約》，但芬蘭要求條約前言加入「芬蘭保持中立」，釐清與東側陣營的立場差異。

基於芬蘭的局勢動向，瑞典於西元一九四八年提出斯堪地那維亞三國成立中立同盟的構想。丹麥十分關心這個提議，挪威卻興趣缺缺。

同一時期，東西兩大陣營都開始推動建立軍事同盟，也就是西側的北大西洋公約組織（NATO，簡稱北約）和東側的華沙公約組織。瑞典堅持中立，挪威則是預設可能會和西側各國建立提供武器的關係，兩國對中立的態度落差非常明顯。結果，斯堪地那維亞中立同盟的構想化為泡影，挪威、丹麥和冰島在西元一九四九年四月成為北約的創始會員國。

瑞典在這之後一直維持對西側陣營的善意，但帕爾梅（Sven Olof Joachim Palme）首相於越戰期間公開批評美國，採取該罵就罵的態度，而且依舊未加入北約，繼續保持傳統的中立政策。

西元二〇二二年二月二十四日，俄羅斯侵略烏克蘭後，瑞典終於和同樣貫徹中立的芬蘭一同在五月十八日申請加入北約。相較於瑞典，這對芬蘭來說是更重大的外交轉型。芬蘭作為二戰戰敗國，過去一直對鄰國的蘇聯／俄羅斯（蘇聯在一九九一年瓦解後成立俄羅斯聯邦）付出最大的關心，戰後也將與鄰國交好視為外交的第一方針，致力於維持中立。而芬蘭二戰後的這項政策，就引用當初建立這條路線的兩位總統之名，稱作「巴錫基維–吉科寧路線」。

北歐的戰後十年復興

接下來，我們就來看北歐各國在戰後十年的發展吧！

〈丹麥〉

丹麥在投入戰後復興工作時，馬上就面臨國界修正問題。在戰爭結束的混亂時期，許多德國東部的難民湧入丹麥國界南邊的德國領土南什勒斯維希，使當地人口膨脹成二倍。相較於德國人增加，以丹麥裔少數民族為主、過去未選擇歸屬丹麥的居民，也發起了回歸丹麥的運動。但是，丹麥政府堅持「國境不變」，令占領當地的英國也大吃一驚。直到西元一九四九年西德（德意志聯邦共和國）成立，難民紛紛移居到萊茵河周邊的工業區，國界問題就這麼消失了。

丹麥在左翼的艾瑞克森（Erik Eriksen）內閣領導下，於西元一九五三年修憲，廢除參議院、改行一院制，參政權的年齡下修到二十三歲（之後循序漸進下修到十八歲），並實施申訴專員制度。

經濟方面，丹麥獲得《馬歇爾計畫》的援助，擺脫了戰後的經濟蕭條、成功復興。丹麥最大的貿易對象是英國，國內經濟深受英國影響。例如西元一九六七年，英國將本國貨幣英鎊貶值（減少貨幣的貴金屬含量、降低貨幣的對外價值），丹麥克朗也不得不隨之貶值。不過，這也有助於增加貿易出口、賺取外幣。

西元一九五七年，社會民主黨的漢森（Hans Christian Hansen）組成聯合政權，引進大批海外資本，並實施教育改革。此外，他也展開了社會改革，建立後代政府也能繼承下去的社會福利政策，創立國民年金制度。

西元一九六〇年，丹麥加入歐洲自由貿易聯盟（EFTA）。此為以英國為中心、對抗歐洲經濟共同體（EEC）而創設的組織。

〈挪威和芬蘭〉

二戰期間，挪威和丹麥一樣遭到德國占領，不過戰爭結束前，挪威北部在蘇聯軍的協助下成功驅逐德軍。德軍在撤退時徹底破壞了挪威的社會、經濟基礎建設，因此重建荒廢的國土和復興經濟成為挪威戰後最優先的課題。

流亡政府在戰爭期間不在挪威本土，所以歸國後不受直接遭受占領傷害的國民歡迎，不久後即下台。後來依照哈康七世的意願，成立以抵抗運動成員為中心的政府，但依舊不得民心。之後由在納粹統治時被關進集中營的前奧斯陸市長基哈德森（Einar Henry Gerhardsen），組成以工黨為中心的臨時國民團結政府。西元一九四五年十月的大選後，工黨成為議會最大黨，基哈德森也繼任為首相。

基哈德森要求產業界和工會互相協調，同時強化控制經濟，致力於戰後復興。西元一九四七年，挪威的GNP（國民生產毛額）就恢復至戰前的水準。西元一九四八年起加上《馬歇爾計畫》提供的資金，奠定了挪威高福利國家所需的基礎。工黨的支持率居高不下，基哈德森直到西元一九六五年、總共連任了十七年首相。

西元一九五二年奧斯陸冬季奧運開幕，挪威的戰後復興成果令各國印象深刻。同年夏季奧運在芬蘭赫爾辛基開幕，可見主辦奧運成為戰後復興的象徵。

芬蘭維持與蘇聯的邦交，在戰後路線上保持中立，宛如慶祝自己回歸國際社會般成功舉辦赫爾辛基奧運，並在三年後的西元一九五五年加入聯合國。

順便一提，直到西元一九二二年以前，夏季奧運和冬季奧運都在同年舉辦。

其他關於北歐的奧運話題，還有西元一九五七年即位為挪威國王的奧拉夫五世（Olav V），在西元一九二八年的荷蘭阿姆斯特丹夏季奧運中以帆船選手的身分參賽，並獲得了金牌。此外，西元一九九四年，挪威南部城市利樂漢瑪也主辦了冬季奧運。題外話，奧運中很多滑雪項目，都屬於「北歐式滑雪」。

當時的日本

在戰後的1951年，日本面臨一個巨大的轉捩點──簽署《舊金山和約》，並得以恢復成獨立國家。此外，日本還和美國簽訂《美日安保條約》。到了1956年，日本加入聯合國，回歸成為國際社會的一份子。

〈瑞典〉

大戰中維持中立的瑞典免於成為戰場，所以戰後比其他北歐國家更早達成經濟成長。西元一九三〇年代，作為國民團結政府核心的社會民主黨，為了推動首相漢森提倡的「國民之家」構想，解除與保守黨、農民聯盟的聯合政府，獨自建立政府。

然而，隨著國家經濟發展，支持社會民主黨的勞工提升成中產階級。社會民主黨為了維持政權，在西元一九五一年再度與農民聯盟組成聯合政府。之所以特地與非社會主義政黨的農民聯盟合作，正是為了避免出現非社會主義政黨獨大的政府。

瑞典要建立高福利國家，就必須擴充年金制度。尤其當時瑞典的中堅世代生活水準逐漸提高，退休後水準可能會下降。相較於鼓吹強制年金制度的社會民主黨，農民聯盟則是追求自主決定的年金制度，雙方的主張毫無交集。結果，聯合政府在西元一九五七年解除，社會民主黨再度恢復獨立政權。

北歐平衡

這裡我們再來看一次北歐各國的安全保障政策。

第二次世界大戰後，瑞典採取傳統的中立政策，東側的芬蘭則是採取小心因應蘇聯的中立立場。另一方面，丹麥、挪威和冰島則是加入北約。

冰島在加入北約前，美國曾希望戰後能繼續在冰島駐軍，但遭到冰島拒絕，僅妥協開放美軍使用凱夫拉維克機場。北約成立時，冰島認為在冷戰局勢下難以維持中立政策，便果斷決定加盟。直到西元二〇〇六年美軍撤退以前，基地的存續不時成為冰島熱烈的政治鬥爭焦點。

冰島開放外國駐軍是唯一例外，挪威、丹麥在加盟北約後，都拒絕外國常態駐軍（非基地政策）。將北歐作為歐洲的冷戰體制緩衝區，這點可說是各國的共識。

北歐各國的立場差異（2021年）

	聯合國	NATO	EC／EU
丹麥	加盟（1945年）	加盟（1949年）	加盟（1973年）
挪威	加盟（1945年）	加盟（1949年）	未加盟
瑞典	加盟（1946年）	未加盟	加盟（1995年）
芬蘭	加盟（1955年）	加盟（2023年）	加盟（1995年）
冰島	加盟（1946年）	加盟（1949年）	未加盟

但是這個時期，丹麥和挪威卻開始在北約裡編入以西德為中心的軍事體制，另外還發生了美軍的U-2偵察機在蘇聯上空遭到擊落的事件，這些都大大挑釁了蘇聯。

於是西元一九六一年，蘇聯政府送給芬蘭一份外交文書，基於北約的反蘇軍事活動對北歐的影響，要求芬蘭根據《友好合作互助條約》「協議」援助兩國國防。芬蘭總統吉科寧（Urho Kekkonen）在與蘇聯總書記赫魯雪夫（Никита Хрущёв）會談中，回應蘇聯和芬蘭若是建立這種協議，會對其他北歐國家構成威脅，破壞以中立主義瑞典為中心的地區多年來維持的和平，反而會迫使其他北歐國家投奔西側陣營，藉此說服赫魯雪夫，並成功迴避了這場「通牒危機」。

蘇聯的要求往後延期，芬蘭總算守住了中立立場。這件事證明了即使北歐各國的政策立場不同，彼此仍有緊密關聯，互相保持一定的平衡，這就是北歐各國安全保障體制的實情。這種追求中立的平衡狀態，在當時就稱作「北歐平衡」。

北歐理事會成立

前面介紹過冷戰下的北歐各國立場差異。而北歐各國為了超越這些立場來面對各種問題，便於西元一九五三年建立各國國會議員齊聚的「北歐理事會」，作為互助合作的組織。其中只有芬蘭顧慮到與蘇聯的關係，直到西元一九五五年以前都暫緩加入。西元一九七〇年代以後，丹麥領土法羅群島和格陵蘭、芬蘭領土奧蘭群島的各個自治領地代表也都獲得與會資格。

會中談到的議題除了外交和安全保障，還有社會、經濟、文化、交通、通信、法律等。這也要歸功於當時北歐已在各個領域建立與民間專家合作的體制。北歐理事會創立初期，比起代表國家的內閣會議，代表國民的議員總會的權限更大，並不會強制干預各國，這種營運方式促進了沒有強迫性的民主整合發展。

而理事會締造出的成果，就是早在西元一九五〇年代廢除國界的護照查驗手續，創造出共同勞動市場。另外，各國還在西元一九七一年簽署《北歐文化合作協定》、西元一九七四年簽

署《北歐環境保護條約》、西元一九八二年簽署《北歐開發援助合作協定》。我們對北歐各國擁有共通印象，或許就是基於《北歐文化合作協定》的影響。

制度當然也會隨時更新。西元一九六二年《赫爾辛基協議》生效，該協議釐清了政府對合作關係的責任。而在西元一九七二年修正的《赫爾辛基協議》中，設立了常設事務局，並新設了北歐內閣會議來增加政府的參與程度。

西元一九九一年波羅的海三國獨立後，北歐理事會的活動範圍拓展到波羅的海地區、北方巴倫支地區和北極圈。西元一九九二年波羅的海國家理事會成立，其根基就建立在西元一九九〇年第三十八屆北歐理事會中成立的波羅的海理事會架構上。

黃金六〇年代

國民高度生活水準的前提是有高福利政策，而國民必須有相應付出才能實現這個願景。讓北歐國民能實現高福利國家的推手，就是西元一九五〇年代的經濟成長。

以瑞典為例，西元一九四六年大幅提高了國民基本保證年金，但這樣還是無法保有足夠的老年資金，因此政府在西元一九六〇年代又實施了國民附加年金制。西元一九六五年，瑞典開始進行建設一百萬戶住宅的十年計畫，以數量來解決住宅不足問題。此外，瑞典的老年人口在西元一九五〇年已超過總人口的一成，開始邁向高齡化社會，因此也建設了附看護的集合住宅。

北歐各國的福利並不是只照顧社會弱勢，而是以全體國民為對象。瑞典甚至實施了矯正男女差別待遇的政策，像是西元一九七一年的夫妻分稅制度、西元一九七四年雙親皆適用的育嬰假制度等等。教育制度也愈來愈完善，從中等教育開始提供教育補助金，大幅提高就學率。

丹麥和挪威也在戰後不久開始效仿瑞典，實施各項福利政策；另一方面，芬蘭必須先設法支付給蘇聯的賠款，因此投入福利政策的腳步較慢，但是在賠款清償後便迅速推動了福利政策。西元一九六〇年代，在經濟成長的背景下，北歐各國不斷推動福利政策，因此稱作「黃金六〇年代」。

追求「自由」

西元一九六〇年代後半是個動盪的時代。美國本土的反越戰運動來到最高峰，法國的學生和勞工高呼要推翻戴高樂（Charles de Gaulle）政府，發起名為五月風暴的大規模運動。而在丹麥有「六八世代」之稱的年輕人，反抗傳統的權威和父權制度，或是否定資本主義社會，以各種形式提出社會問題。這場追求更自由開放社會的「青年起義」，試圖驅使「大人」將丹麥社會導向自由的方向。

在西元一九六七年解禁色情小說、西元一九六九年解禁色情圖畫的激進左翼黨黨魁包恩斯格爾（Hilmar Baunsgaard），帶領聯合內閣進行墮胎相關的法案修正。這些法案起源於西元一九七〇年代發生的女性解放運動，丹麥在西元一九八九年還成為了全球第一個在法律上承認同性婚姻的國家。

西元一九七二年，一群青年「鑽過圍欄間隙」入侵海軍倉庫空地，將那裡劃定為解放區。現在這座被命名為克里斯蒂安尼亞自由城的解放區依然存在，是哥本哈根的一個觀光景點。

北歐對個人自由給予最大限度的尊重，聯合國在「國際幸福日」公布的「世界幸福報告排名」中，北歐各國總是名列前茅。

當時的日本

1951年日本恢復獨立後，沖繩依然受到美國統治。不過隨著沖繩回歸的可能性愈來愈高，美日兩國從1960年代開始進行歸還談判，最後於1972年簽訂《沖繩返還協定》，沖繩才終於回歸日本。

在歐洲裡的北歐 —EC／EU加盟問題—

西元一九七〇年，除了冰島以外的北歐國家，原本計劃建立以對外統一關稅為主體的北歐經濟組織（NORDEK），但未能實現，於是丹麥、挪威和英國一同申請加入歐洲共同體（EC）。然而挪威公民投票反對加盟、芬蘭和瑞典因和中立政策無法相容而放棄加盟，因此北歐只有丹麥在西元一九七三年加入歐洲共同體，其他北歐國家都留在歐洲自由貿易聯盟（EFTA）。不過，挪威與歐洲共同體簽署工業產品的自由貿易協定，之後芬蘭、冰島、瑞典也都簽署相同協定。

後來，歐洲共同體期望在加盟國範圍內建立單一市場，於是修訂在西元一九八七年生效的《單一歐洲法案》，並在西元一九九二年簽署《馬斯垂克條約》，決定將歐洲共同體轉移至歐洲聯盟（EU）。隨著所有成員國的批准和簽署，歐盟成立指日可待，可是丹麥國民卻擔心在這緊密結合的歐洲大群體中，小國丹麥可能遭到埋沒，於是透過公投否決了批准。這件事對歐盟成員國造成了「丹麥震盪」，在同年末的外交會議上，丹麥被排除在歐洲安全保障範圍之外。因此丹麥於翌年再度舉行公投，這次加盟贊成票成為多數，為歐盟成立敞開了大門。

西元一九八九～一九九一年東歐各國動盪、蘇聯解體，讓瑞典和芬蘭認定冷戰結束，開始申請加入歐盟，並於西元一九九五年成功加入。挪威原本也申請加入，但在西元一九九四年遭到國內公投否決而放棄。此外，冰島因受到美國發生的金融危機雷曼兄弟風暴影響，經濟破產，在西元二〇〇九年曾表現出加入歐盟的意願，但並沒有具體行動。

北歐各國在歐盟關係上雖然分道揚鑣，但選擇加盟的國家前途也並非一帆風順。附帶一提，北歐各國當中，只有芬蘭採用歐盟的共通貨幣歐元。

格陵蘭與法羅群島

西元一八一四年挪威與丹麥分離後，格陵蘭便成為了丹麥的殖民地。

第一次世界大戰後的挪威主張領有格陵蘭東部，向國際法院提出訴訟，但判決結果否決了挪威的主張，丹麥勝訴。

第二次世界大戰時，丹麥本土遭到德國占領，因此美軍駐紮在格陵蘭。戰後，丹麥勉為其難接受外國繼續駐軍，因為格陵蘭位於北美大陸和歐亞大陸中間，其重要性隨著東西冷戰的情勢而升高，所以美國空軍基地仍繼續在格陵蘭運作。

西元一九五三年，格陵蘭不再是殖民地，而是正式成為丹麥的一個地區，和法羅群島一樣可選出二名議員參加國會。當地以狩獵、採集、捕魚為主的經濟，也在丹麥政府的支援下迅速近代化，拓展出漁業、農業、地下資源開發等產業。

西元一九七三年丹麥加入歐洲共同體，格陵蘭也隨之加入，卻非常擔憂歐洲共同體會掌握漁業資源的管理權。西元一九七九年《格陵蘭自治法》成立，格陵蘭建立了自治政府和議會，並於西元一九八二年舉辦公投，支持退出歐洲共同體。歐洲共同體也承認這個結果，讓格陵蘭成為歐洲共同體的「境外」，直到今天。

此後，格陵蘭的自治權持續擴大，在西元二〇〇九年通過《自立法》，承認礦物資源的所有權、防衛與安全保障的發言權都歸格陵蘭政府所有。如此強大的自治權，主要是透過與本國和自治領地的談判而實現，值得全世界借鏡。

同樣屬於丹麥自治領地的法羅群島，也在西元一九四六年舉辦獨立公投，但結果幾乎持平。丹麥政府接受這個結果，主動提議擴大自治權，因此法羅群島至今仍未獨立。此外，在西元一九七三年已成為自治領地的法羅群島，並沒有加入歐洲共同體和歐盟。

男女皆有王位繼承權

北歐五國當中，丹麥、瑞典、挪威這三國都採取君主立憲制。戰後，三國的王室也都發生變化。我們就先從丹麥開始看起。

二戰中冰島獨立，丹麥國王克里斯蒂安十世失去冰島國王的頭銜。西元一九四七年，繼承王位的弗雷德里克九世（Frederik IX）沒有生下男嗣，只育有三位公主。西元一九五三年舉行修憲公投時，同時列出了修訂《王位繼承法》的選項，結果國民支持弗雷德里克九世的長女瑪格麗特繼承王位，擺脫過去只有男嗣才能繼位的限制。於是西元一九七二年，由瑪格麗特二世（Margrethe XI）即位。

之所以名為「二世」，是因為丹麥將十四世紀末成立的卡爾馬聯盟中，位居主導地位的「主婦、主人暨監護人」瑪格麗特（參照101頁）視為「一世」。

接著來看瑞典，西元二〇二二年現任國王為卡爾十六世（Carl XVI）。他在西元一九七九年的修憲中根據性別平等原則，將王位繼承權賦予第一個孩子，於是繼承的第一順位從原本的長子，換成年紀最大的長女維多利亞（Victoria）。

挪威也在西元一九九〇年修憲決定不論性別，第一個孩子都擁有王位繼承權。但當時已經確定王儲人選，因此國王哈拉爾五世（Harald V）的第二個孩子哈康（Haakon）仍維持王儲身分，其姊瑪塔・路易斯（Märtha Louise）仍是公主。至於哈康王儲的兩個孩子當中，姊姊英格麗・亞莉珊德拉（Ingrid Alexandra）的繼承順位則高於弟弟，是目前繼哈康之後的第二順位繼承人。

回頭看丹麥，西元二〇〇九年才公投決定修正《王位繼承法》，從男性優先改成男女皆有長子繼承權。丹麥現任王儲弗雷德里克（Frederik）、其長男克里斯蒂安（Christian）這二代皆是最年長的長男，自動具有繼承權，因此較晚修法。

女性領袖的活躍

王室的男女平等原則，證明了不允許例外的性別平等、擴大社會少數群體的權利、機會均等的概念已經充分滲透北歐社會。

西元一九八〇年，冰島選出全球首位民選女總統維格迪絲・芬博阿多蒂爾（Vigdís Finnbogadóttir）；西元一九八一年，挪威則出現第一位女首相葛羅・布倫特蘭德（Gro Brundtland）。布倫特蘭德在西元一九八六年回任首相時，除了她，還有七名女性入閣；西

元二〇〇〇年，芬蘭選出女總統塔里婭・哈洛寧（Tarja Halonen）；西元二〇一一年，丹麥由赫勒・托寧－施密特（Helle Thorning-Schmidt）出任第一位女首相；瑞典則是到西元二〇二一年十一月才終於由瑪格達萊娜・安德森（Magdalena Andersson）出任第一位女首相。這裡只介紹了位居北歐各國政壇領袖地位的女性，除此之外，北歐女性在社會、政治上的活躍表現也非常耀眼。

北歐誕生的兒童文學作家

戰後的北歐出現了二位風靡全世界的兒童文學女作家。一位是瑞典的林格倫（Astrid Lindgren），以富有幻想色彩的現代童話聞名，代表作《長襪子皮皮》被翻譯成多國語言，成為暢銷作品。她也曾榮獲國際安徒生大獎等許多獎項；另一位是芬蘭的朵貝・楊笙，其代表作《嚕嚕米》描繪了由幻想生物嚕嚕米和家人、朋友建構出的神奇世界，令全球各地讀者為之沉迷，我們對北歐的印象有一部分或許就來自這部作品的世界觀。她當然也榮獲國際安徒生大獎，作品在日本製作成動畫。

北歐現代兒童文學的特色，在於主題多半是關於霸凌、父母離婚、青春期特有的情緒不穩定，諸如此類孩子會面對的一般社會問題，將孩子也視為社會的一份子。

邁向二十一世紀

談論二十一世紀的北歐，一定要談到格蕾塔・童貝里（Greta Thunberg）。她對北歐人非常注重的個人自由、環境問題發表犀利言論，是現代北歐的象徵性人物。西元二〇一八年，十五歲的她在瑞典議會外發起「氣候大罷課」，要求大人對於地球暖化造成的氣候變動危險負起責任。她的出現，源自於奠定了北歐生活水準的政治、文化上的風俗。

前面提過，西元二〇二二年二月俄羅斯武裝侵略烏克蘭後，瞬間摧毀了自第二次世界大戰以來北歐各國對鄰國俄羅斯的顧慮、維持和平與圖謀共存的應對基準。瑞典和芬蘭因此改變長久以來的中立立場，在五月十八日申請加入北約。不過只有芬蘭於西元二〇二三年四月正式加入北約。

瑞典戰後始終鞏固外交中立立場，但基本上只是「表面中立」，實際上與西方各國有軍事合作關係；而與俄羅斯接壤的芬蘭過去則是費盡心思避免刺激俄羅斯，試圖化解俄羅斯對西方的質疑。然而，隨著瑞典申請加盟、芬蘭正式加盟北約，北歐國家在軍事、外交上都已進入全新的局面。丹麥也在西元二〇二二年六月一日的公投中，決定放棄歐盟內丹麥獨有的「不需涉入歐洲的防衛與安全保障事務」特權。俄烏戰爭讓國民認定丹麥不能再對歐洲安全保障相關的重要事項袖手旁觀。

今後，我們將愈來愈無法忽視北歐的動向。

祕密專欄

斯堪地那維亞三國的王室

作為君主立憲制國家的斯堪地那維亞三國都有王室，所以與日本皇室的交流相當頻繁，有彼此互訪的友好關係。

王室的婚姻千變萬化

丹麥現任女王瑪格麗特二世在公務之外，還會畫書本插圖、設計舞台或電影服裝，十分親民，在國內宛如偶像明星。其子弗雷德里克王儲迎娶澳洲女性為妻。西元二〇一一年發生東日本大震災時，弗雷德里克王儲曾經拜訪受災地宮城縣松島市，探望當地小學。

在瑞典，可以在街上看到現任國王卡爾十六世伉儷或維多利亞王儲夫婦散步的身影。維多利亞王儲的丈夫丹尼爾親王（Prins Daniel）是平民出身，因照顧生病的維多利亞王儲而

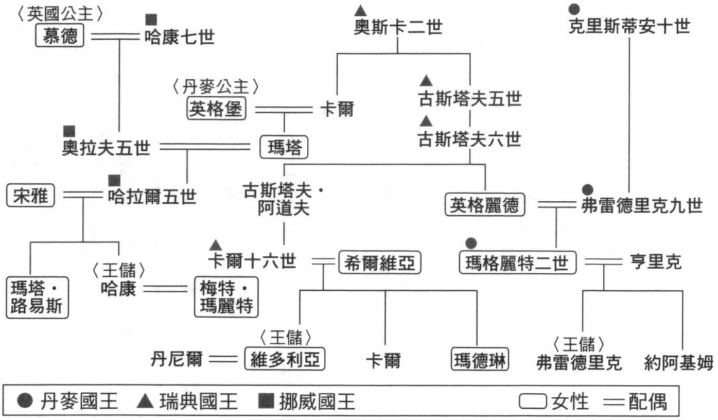

結下姻緣。起初國王卡爾十六世非常反對，但丹尼爾努力學會王室禮儀，最終得到認可。

挪威的宋雅王后（Sonja av Norge）也是平民出身，與哈拉爾王儲（現為國王哈拉爾五世）祕戀，最終結為連理。兒子哈康王儲的伴侶梅特・瑪麗特（Mette-Marit）是單親媽媽，曾有吸毒前科。兩人交往一事曝光後，王室支持率一度下降，不過她在訂婚記者會上真摯的態度，加上哈拉爾五世為她說情，現在已獲國民支持。另外，梅特・瑪麗特與前任伴侶的孩子並非王子，沒有王位繼承權。

北歐的歷史年表

這份年表是以本書提及的北歐歷史為中心編寫而成。配合下半段的「世界與日本歷史大事紀」，可以更深入理解。

年代	北歐大事紀	世界與日本大事紀
793	最早有紀錄的維京人襲擊活動	日本 遷都平安京（794）
820年代末	安斯加爾最早將基督教傳播至北歐	世界 盎格魯－撒克遜各王國統一（829）
874前後	挪威人開始殖民冰島	世界 中國爆發黃巢之亂（875）
1018	在克努特大帝統治下出現「北海帝國」	日本 藤原道長就任為攝政（1016）
1066	維京時代結束	世界 諾曼征服英格蘭（1066）
1103前後	設立隆德主教座堂	世界 耶路撒冷王國成立（1099）
1155前後	瑞典正式統治芬蘭	日本 保元之亂（1156）
1219	丹麥征服愛沙尼亞	日本 承久之亂（1221）
1240	瑞典軍在涅瓦河擊敗諾夫哥羅德	世界 萊格尼察戰役（1241）
1262	冰島臣服於挪威國王	日本 文永之役（1274）
1397	卡爾馬聯盟成立	世界 靖難之役（1399）

1523	瑞典退出、卡爾馬聯盟瓦解	世界 阿茲特克帝國滅亡（1521）
16世紀前半	瑞典、丹麥推動宗教改革	日本 鐵砲傳入（1543）
1563	爆發第一次北方戰爭（～1570）	日本 桶狹間之戰（1560）
1618	爆發三十年戰爭（～1648）	世界 羅曼諾夫王朝成立（1613）
1643	托爾斯騰森戰爭（～1645）	世界 清教徒革命（1642）
1658前後	瑞典建立版圖最大的「瑞典帝國」	日本 明曆大火（1657）
1660	丹麥開始絕對君主制	世界 法國路易十四開始親政（1661）
1680	瑞典開始絕對君主制	世界 光榮革命（1688）
1700	爆發大北方戰爭（～1721）	日本 元祿赤穗事件（1702）
1719	瑞典進入「自由時代」	日本 享保改革開始（1716）
1780	第一次武裝中立同盟成立	世界 波士頓茶葉事件（1773）
1800	第二次武裝中立同盟成立	日本 拉克斯曼來航根室（1792）
1809	瑞典將芬蘭割讓給俄羅斯	世界 拿破崙登基成為皇帝（1804）
	宣布成立芬蘭大公國	世界 神聖羅馬帝國解體（1806）
1814	丹麥割讓挪威（基爾條約）	世界 維也納會議（1814～1815）

年代	北歐大事紀	世界與日本大事紀
1814	挪威加入瑞典的共主邦聯	世界 德意志邦聯成立（1815）
1848	爆發第一次什勒斯維希戰爭（～1851）	世界 法國二月革命（1848）
1849	丹麥制定憲法，絕對君主制結束	世界 中國爆發太平天國之亂（1849）
1864	丹麥在第二次什勒斯維希戰爭中敗北	日本 第一次長州征討（1864）
1905	挪威解除與瑞典的共主邦聯	日本 簽訂《樸茨茅斯條約》（1905）
1906	芬蘭開放歐洲首見的女性參政權	世界 海牙密使事件（1907）
1914	斯堪地那維亞三國國王宣布中立	日本 對中國提出二十一條要求（1915）
1917	芬蘭脫離俄羅斯獨立	世界 第一次世界大戰結束（1918）
1920	斯堪地那維亞三國加入國際聯盟	日本 加入國際聯盟（1920）
	北部什勒斯維希回歸丹麥	世界 召開土耳其大國民議會（1920）
1921	奧蘭群島成為芬蘭自治領地	世界 華盛頓會議（1921）
1924	丹麥出現全球第一位女性閣員	日本 訂立《治安維持法》（1925）
1939	爆發冬季戰爭（～1940）	世界 第二次世界大戰爆發（1939）
1940	德軍占領丹麥和挪威	日本 德義日建立三國同盟（1940）

1941	蘇芬爆發繼續戰爭（～1944）	世界 德蘇戰爭爆發（1941）
1944	冰島解除與丹麥的共主邦聯	世界 諾曼第登陸戰（1944）
1945	挪威、丹麥從德國占領中解放	日本 接受《波茨坦宣言》（1945）
	挪威、丹麥加入聯合國	世界 聯合國成立（1945）
1946	瑞典、冰島加入聯合國	日本 頒布《日本國憲法》（1946）
1949	挪威、丹麥、冰島加入北約	世界 中華人民共和國成立（1949）
1953	北歐理事會成立	世界 韓戰休戰（1953）
1955	芬蘭加入聯合國	世界 華沙公約組織成立（1955）
1973	丹麥加入歐洲共同體	日本 第一次石油危機（1973）
1979	格陵蘭成為丹麥的自治領地	日本 簽訂《中日和平友好條約》（1978）
1980	冰島出現世界第一位民選女總統	世界 兩伊戰爭爆發（1980）
1989	丹麥成為世界最早立法承認同性婚姻的國家	世界 冷戰結束（1989）
1992	歐洲共同體發生「丹麥震盪」	世界 歐盟成立（1993）
1995	瑞典、芬蘭加入歐盟	日本 發生阪神－淡路大震災（1995）
2023	芬蘭加入北約	世界 俄羅斯侵略烏克蘭（2022）

参考文献

『北欧文化事典』北欧文化協会・バルト=スカンディナヴィア研究会・北欧建築・デザイン協会 編（丸善出版）
『世界各国史 北欧史』百瀬宏、熊野聰、村井誠人 編（山川出版社）
『《YAMAKAWA Selection》北欧史　上・下』百瀬宏、熊野聰、村井誠人 編（山川出版社）
『礫岩のようなヨーロッパ』古谷大輔、近藤和彦 編（山川出版社）
『ヴァイキングの歴史 実力と友情の社会』熊野聰 著／小澤実 解説・文獻解題（創元社）
『デンマークを知るための68章』村井誠人 編著（明石書店）
『日本＆デンマーク 私たちの友情150年』村井誠人 編・監修（日本デンマーク協会）
『デンマーク国民をつくった歴史教科書』ニコリーネ・マリーイ・ヘルムス 著／村井誠人、大溪太郎 譯（彩流社）
『デンマークの歴史』橋本淳 編（創元社）
『ノルウェーを知るための60章』大島美穂、岡本健志 編著（明石書店）
『ノルウェーの歴史 氷河期から今日まで』エイヴィン ステーネシェン、イーヴァル リーベク 著／岡沢憲芙 監譯／小森宏美 譯（早稲田大学出版部）
『スウェーデンを知るための60章』村井誠人 編著（明石書店）
『スウェーデン史速歩き ヴィーキングから福祉国家まで』ビルギッタ・ティンダール著／村井誠人 監修／ヒースマン姿子 譯（ビネバル出版）
『フィンランドを知るための44章』百瀬宏、石野裕子 編著（明石書店）
『物語 フィンランドの歴史 「バルト海の乙女」の800年』石野裕子 著（中公新書）
『フィンランドの歴史』デイヴィッド・カービー 著／百瀬宏、石野裕子 監譯／東眞理子、小林洋子、西川美樹 譯（明石書店）
『アイスランド小史』グンナー・カールソン 著／岡沢憲芙 監譯、小森宏美 譯（早稲田大学出版部）
『アイスランド・グリーンランド・北極を知るための65章』小澤実、中丸禎子、高橋美野梨 編著（明石書店）
『エッダとサガ 北欧古典への案内』谷口幸男 著（新潮選書）
『映画のなかの「北欧」 その虚像と実像』村井誠人、大島美穂、佐藤睦朗、吉武信彦 編著（小鳥遊書店）

［監 修］

村井誠人

1947年生於東京都。早稲田大學榮譽教授，專攻西洋史（北歐史）。曾合編《読んで旅する世界の歴史と文化　北欧》（新潮社）、《世界各国史 北欧史》（山川出版社）、《スウェーデンを知るための60章》（明石書店）、《デンマークを知るための68章》（明石書店）、《日本＆デンマーク　私たちの友情150年》（日本丹麥協會）、《山川セレクション 北欧史》（山川出版社）等書。

大溪太郎

1981年生於新潟縣。前・早稲田大學文學學術院兼任講師，專攻挪威近現代史。著有《ノルウェーを知るための60章》（明石書店）、《北欧文化事典》（丸善出版）、《世界の名前》（岩波書店）（以上皆為合著）。合譯譯作《デンマーク国民をつくった歴史教科書》（彩流社）。

編集・構成／造事務所
設計／井上祥邦（yockdesign）
文字／大河内賢、村中崇
插畫／suwakaho

極簡北歐史

出　　版／楓樹林出版事業有限公司
地　　址／新北市板橋區信義路163巷3號10樓
郵政劃撥／19907596 楓書坊文化出版社
網　　址／www.maplebook.com.tw
電　　話／02-2957-6096
傳　　真／02-2957-6435
監　　修／村井誠人、大溪太郎
翻　　譯／陳聖怡
責任編輯／邱凱蓉
內文排版／洪浩剛
港澳經銷／泛華發行代理有限公司
定　　價／350元
出版日期／2023年12月

國家圖書館出版品預行編目資料

極簡北歐史 / 村井誠人作 ; 陳聖怡譯. -- 初版. -- 新北市 : 楓樹林出版事業有限公司, 2023.12 面 ;　公分

ISBN 978-626-7394-09-0（平裝）

1. 歷史 2. 北歐

747　　112018131